Fröhlich-bunte
Fensterbilder

Herausgegeben von Christina Mainhard

DASSERMANN

Inhalt

Zauberer mit Hase (Vorlage auf dem Vorlagebogen)

Vorwort

Fensterbilder sind nicht nur ein kreatives Hobby für Jung und Alt, sondern auch ein beliebtes Mittel der Raumdekoration.
Wenn das Wetter draußen regnerisch und grau ist, so daß man gar nicht vor die Türe gehen mag, veranstalten Sie einfach mal einen fröhlichen Bastelnachmittag mit Ihren Kindern, und verzieren Sie anschließend die Fenster Ihrer Wohnung mit schönen und exotischen Blumen, zauberhaften Naturmotiven oder drolligen Gespenstern und Tieren. Sie werden sehen, alles sieht direkt viel fröhlicher aus. Material und Werkzeug sind – wenn nicht sowieso schon im Haushalt vorhanden – nicht teuer, und der Phantasie und dem Vergnügen sind keine Grenzen gesetzt. Die Auswahl in diesem Buch reicht von ganz einfachen Bildern, die auch von Kindern problemlos nachgearbeitet werden können, bis hin zu anspruchsvollen und filigranen Arbeiten. Bei über 80 Motiven ist sicherlich für jeden Geschmack das Passende dabei. Die Vorlagen von allen Fensterbildern sind in Originalgröße im Buch selbst oder auf dem beiliegenden Vorlagebogen vorhanden.
Viel Spaß beim Basteln und Dekorieren!

Kleiner Löwe (Vorlage Seite 12)

Fensterbilder basteln

Das Material

Fensterbilder sind ein sehr preiswertes Hobby: Werkzeug und Materialien sind in den meisten Haushalten schon vorhanden oder können für wenig Geld angeschafft werden.

Wichtig sind ein möglichst großer Tisch zum Arbeiten und ausreichende Lichtverhältnisse. Die wichtigsten Werkzeuge sind Papierschere, eine kleinere Schere für Detailarbeiten und ein Papierschneidemesser (Cutter), dessen Schaft aus mehreren Segmenten besteht, die im Falle, daß das benutze Stück stumpf wird, einfach abgebrochen werden können. Dies sollte man mit größter Vorsicht tun. Schneidet man gerade Linien mit dem Cutter, nimmt man am besten ein Lineal zu Hilfe, an dessen Kante man einfach entlangfährt.

Eine schnittfeste Unterlage aus einer Holzplatte, Linoleum oder festem Karton braucht man, um bei Arbeiten mit dem Cutter die Tischplatte zu schonen. Die wichtigsten Materialien für Fensterbilder sind Tonkarton und Tonpapier. Der stabilere Karton wird für größere Formen verwendet und das dünnere Papier für kleinere Formen. Beides erhalten Sie in Schreibwaren- und Bastelgeschäften. Farbiges Transparent- oder Drachenpapier benötigen Sie für transparente Fensterbilder. Weißes Transparentpapier verstärkt filigrane und vielteilige Motive.

Zum Durchpausen der originalgroßen Zeichnungen aus dem Buch und vom Vorlagebogen verwendet man entweder weißes Transparentpapier oder das preisgünstigere Seidenpapier. Für die Schablonen werden diese Zeichnungen mit Kohlepapier auf Kartonreste durchge-

Tonpapier ist ein unverzichtbares Grundmaterial für Fensterbilder

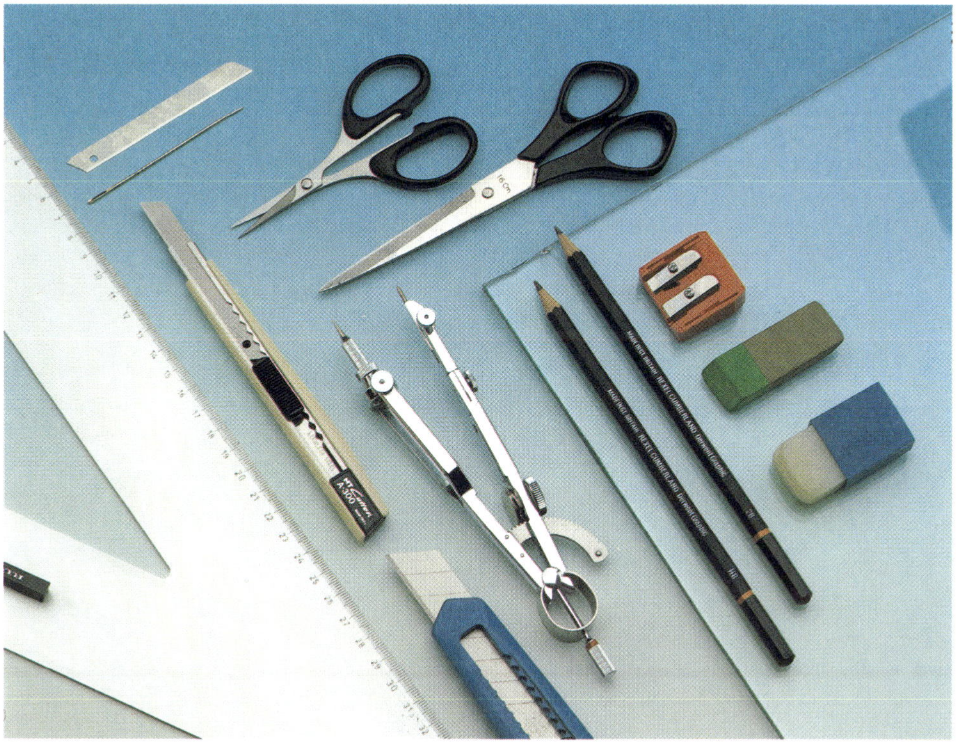

Scheren, Cutter, Lineal und Bleistifte gehören zu den benötigten Werkzeugen

paust. Da Fensterbilder meistens aus mehreren Teilen bestehen, benötigt man handelsüblichen Papierklebstoff. Für sehr ausgefallene Fensterbilder kann man zusätzlich Materialien wie Filz, Stoff, Baumrindenstücke, Styropor usw. verwenden. Jetzt brauchen Sie nur noch einen weichen Bleistift, einen schwarzen Filzstift, Kreppband, Büroklammern und eventuell einen Hefter sowie Nähgarn zum Aufhängen der fertigen Teile. Möchten Sie Ihre Fensterbilder direkt ans Fenster kleben, sollten Sie sich doppelseitiges, durchsichtiges Klebeband besorgen.

Positiv- und Negativ-Technik

Für die Positiv-Technik wird das Motiv entweder einmal aus Tonkarton oder Tonpapier zugeschnitten und frei vor dem Hintergrund des Fensters aufgehängt, oder es wird doppelt zugeschnitten und dann beidseitig auf lichtdurchlässiges Transparentpapier geklebt. Nun erscheinen alle Positivformen undurchsichtig. Bei der Negativ-Technik wird das Motiv ebenfalls aus Tonpapier ausgeschnitten und der entstehende Freiraum mit Transparentpapier unterlegt.

Grundtechniken

Die Gestaltung und Fertigung von Fensterbildern kann in vier Grundtechniken erfolgen, die natürlich auch kombinierbar sind. Darüber hinaus können Sie aber auch eigene Ideen entwickeln, denn der Phantasie sind hier keine Grenzen gesetzt.

Der Cutter wird gezogen: mit dem Zeigefinger übt man den Druck aus, Mittelfinger und Daumen bestimmen die Schneiderichtung

Positiv-Technik: die Form wird durch das Material dargestellt

Stege-Technik

Die Stege-Technik ist eine Verfeinerung der Negativ-Technik. Die Konturen des Motivs werden so aus Tonkarton oder Tonpapier herausgeschnitten, daß nur schmale Stege als Begrenzungslinien der Fläche stehen bleiben. Das Liniennetz der Stege wird dann mit verschiedenfarbigem Transparentpapier hinterklebt, so daß ein Fensterbild aus lauter lichtdurchlässigen Flächen entsteht, die nur durch das Aderwerk der Stege getrennt sind.

Schicht-Technik

Bei der Schicht-Technik werden verschiedenfarbige Transparentpapiere oder verschiedenfarbige Tonpapiere übereinandergeklebt. Dadurch erzielt man im ersten Fall mehrere verschwommene Farbverläufe und im zweiten Fall eine größere Tiefenwirkung. Das Fensterbild erscheint generell plastischer.

Vorlagen und Schablonen anfertigen

Alle Motive, die hier vorgestellt werden, sind entweder im Buch oder auf dem Vorlagebogen aufgezeichnet und können leicht nachgearbeitet werden. Darüber hinaus besteht natürlich die Möglichkeit, eigene Vorlagen zu zeichnen oder Vorlagen aus Büchern und Zeitschriften auszuwählen. Ein Fensterbild entsteht dabei stets in fünf Schritten:

1. Wahl einer Vorlage, möglicherweise Bild, Zeichnung, Collage, Foto.
2. Erstellung einer Durchzeichnung auf Transparent- oder Seidenpapier, wobei die Konturen der Motive und die Grenzen der verschiedenen Farbflächen mit einem weichen Bleistift nachgezogen werden. Der Vorlagebogen enthält alle erforderlichen Linien der vorgestellten Fensterbilder, so daß man diese Rißzeichnungen

nur auf Transparentpapier übertragen muß. Fixieren Sie das Transparentpapier mit Kreppband auf der Vorlage, damit beim Durchzeichnen nichts verrutscht.

3. Anfertigung von Schablonen. Dafür werden die einzelnen Teile oder Farbflächen mit Kohlepapier auf Kartonreste durchgepaust und dann zugeschnitten. Wenn Sie die Schablonen nun auf den gewünschten Untergrund legen, können Sie die Konturen mit einem weichen Bleistift nachziehen. Kartonschablonen haben den Vorteil, daß man sie gut aufbewahren kann und Sie das Fensterbild später ohne großen Aufwand wieder nacharbeiten können. Das Tauschen oder Verschenken von Schablonen sind außerdem beliebte Methoden, Bastelanregungungen mit Freunden zu teilen.

4. Ausschneiden der mit Hilfe der Schablonen gezeichneten Formen aus Tonkarton, Tonpapier oder Transparentpapier. Noch ein Wort zu Zackenrändern und Sternen: Bei jeder Zacke wird die Schere neu angesetzt – immer von außen nach innen. Genau andersherum verfahren Sie mit dem Cutter: Er wird innen angesetzt und nach außen gezogen. Der Zeigefinger auf dem Halter übt dabei Druck auf die Klinge aus. Manche Teile braucht man zweimal. Befestigen Sie dafür zwei Kartonteile mit Büro- oder Heftklammern aufeinander, und schneiden Sie das Teil wie gewohnt zu. Bevor Sie die Kartonstücke auseinandernehmen, markieren Sie die Außenseiten. Später werden die markierten Seiten aufeinandergeklebt.

Bildaufbau

Erst wenn Sie alle erforderlichen Teile zugeschnitten haben, können Sie mit dem Bildaufbau beginnen. Die einzelnen Motive werden dafür auf das Hauptteil oder auf einer Hintergrundfolie gruppiert. Man arbeitet von innen nach außen, beginnt also zunächst mit dem Bildhintergrund, dann kommt der Vordergrund an die Reihe. Sie können die Lage der Teile so lange verändern, bis Sie mit der Anordnung zufrieden sind. Vergleichen Sie zum Schluß alles noch einmal kurz mit der Vorlage. Wenn jetzt alles stimmt, können Sie die Teile mit ein wenig Klebstoff befestigen. Deckungsgleiche Motive werden nacheinander auf beiden Seiten angebracht. Nach und nach entsteht so das Fensterbild.

Negativ-Technik: Die ausgesparten Flächen bilden das Motiv

Bei durchscheinenden Fensterbildern schneidet man das Hauptgerüst zweimal aus Karton zu und legt das Transparentpapier in der gewünschten Farbe jeweils auf die entsprechende ausgesparte Fläche des ersten Hauptteils, die hinterklebt werden soll. Mit einer Überlappung von etwa einem halben Zentimeter wird der Bildausschnitt nun nachgezeichnet, ausgeschnitten und dann vorsichtig aufgeklebt. So verfährt man mit allen Flächen, die später durchscheinend werden sollen. Zum Schluß wird das zweite Hauptteil deckungsgleich gegen das erste geklebt. Jetzt sieht ihr Fensterbild von beiden Seiten sauber aus. Wichtig ist, daß Sie immer nur ganz wenig Klebstoff verwenden, da dieser sonst an den Rändern hervorquillt und Flecken hinterläßt, und daß Sie die einzelnen Bildbereiche gut trocknen lassen.

Vorlage für „kleiner Löwe“ (Seite 7)

Vorlage für „Schmetterling“ (Seite 4)

Vorlage für „Raupe“ (Seite 5)

Venusschuh (Vorlage Seite 16)

Blütenträume

Macht man im Frühjahr oder im Sommer einen Spaziergang durch Wald und Flur, dann fallen einem wunderschöne Blumen auf. Die Natur präsentiert sich in den leuchtendsten Farben. Leider ist diese Pracht nicht von Dauer und bereits ein paar Monate später, wenn sich das Jahr dem Ende zuneigt, müssen wir uns wieder von den Blumen verabschieden. Eine Möglichkeit, Blütenträume das ganze Jahr über Wirklichkeit werden zu lassen, ist das Schmücken der Fenster mit bunten und transparenten Bildern, die einfach anzufertigen sind und an deren Farben Sie sich zu jeder Zeit erfreuen können, da sie nicht dem Wandel der Jahreszeiten unterworfen sind.

Enzian (Vorlage Seite 17)

Vorlage für „Venusschuh" (Seite 14)
Pastelltöne bewirken hier den zarten
Eindruck des Bildes

Vorlage für „Enzian"
Beim „Enzian" lassen sich deutlich die Abstufungen von Blau und Grün erkennen. Sie entstehen durch doppellagiges Transparentpapier.

Maiglöckchen

Die Maiglöckchen bestehen aus vielen kleinen Blüten. Deshalb geht es einfacher, wenn Sie sich eine kleine Schablone anfertigen.
(Vorlage Seite 21)

Primeln

Thema mit Variationen – so könnte man die Gruppe der hier versammelten vier Bilder nennen. Sie haben alle den gleichen Rahmen und lassen sich daher gut miteinander kombinieren. Die Arbeit können Sie sich erleichtern, wenn Sie die Rahmen mit Lineal und Bastelmesser schneiden. Bei allen vier Motiven sind die Rahmen einfach, die Pflanzenteile doppelt ausgeschnitten. Ein hübsches Frühlingsmotiv sind die Primeln.
(Vorlage Seite 20)

Stiefmütterchen

Über den Stiefmütterchen tummeln sich drei fröhliche Bienen. Sie haben Fühler aus Besenborsten und Flügel aus Architektenpapier. Das schwarze Blüteninnere und die Streifen an den Bienenkörpern malen Sie einfach mit einem schwarzen Filzstift auf. Auch hier werden Blätter und Blütenteile doppelt ausgeschnitten.
(Vorlage Seite 22)

Löwenzahn

Schön füllige Löwenzahnblüten erhalten Sie, wenn Sie alle Kreise, die zur Blüte übereinandergeklebt werden, ringsrum fransig schneiden (schmale Dreiecke herausschneiden). Ähnlich verfahren Sie mit den „Fallschirmen". Alle schwarzen Linien am Käfer (Kopf, Fühler, Beine) malen Sie zum Schluß mit dem Filzstift auf.
(Vorlage Seite 23)

Vorlage für „Primeln“ (Seite 18 oben)

Vorlage für „Maiglöckchen“ (Seite 18 unten)

Vorlage für „Stiefmütterchen“
(Seite 19 oben)

Vorlage für „Löwenzahn“ (Seite 19 unten)

Tulpenstrauß

Dieses Motiv hat besonders schöne Farben. Sie können sie noch leuchtender machen, wenn Sie das Transparentpapier an den gewünschten Stellen doppelt kleben.
(Vorlage Seite 26)

Porzellanrose

Diese im tropischen Regenwald beheimatete Blume wird auch „Königin der Antillen" genannt. Für das Fensterbild klebt man einige Farben doppelt, um genügend Intensität zu erhalten.
(Vorlage Seite 28)

Trauerweide

Schneiden Sie die Weide doppelt aus und kleben Sie sie von beiden Seiten auf Transparentpapier.
(Vorlage Seite 27)

Vorlage für „Tulpenstrauß“ (Seite 24)

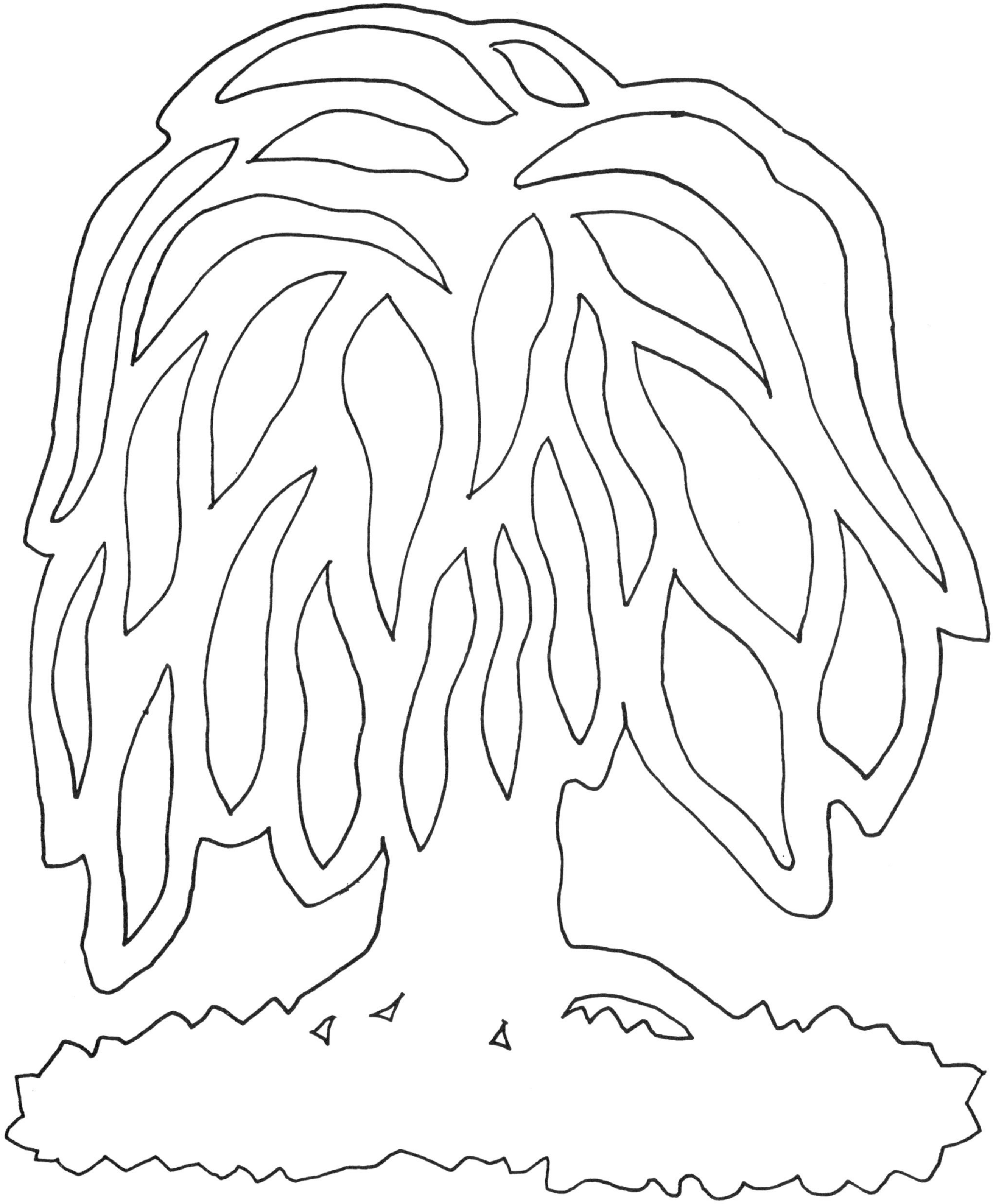

Vorlage für „Trauerweide“ (Seite 25 unten)

Vorlage für „Porzellanrose“ (Seite 25 oben)

Vorlage für „Fuchsienzweig“ (Seite 30 oben)

Fuchsienzweig

Wer kennt diese Blume nicht – die Fuchsie. Mit ihren rund 100 Arten verschönert sie unsere Parks, Gärten und Balkons und blüht dabei üppig von April bis Oktober. Damit das Fensterbild eine natürliche, plastische Wirkung erhält, sollten Sie das Transparentpapier ab und zu doppelt nehmen.
(Vorlage Seite 29)

Paradiesvogelblume

Diese exotische Pflanze wächst in der Karibik. Bis zu zwei Metern hoch kann sie werden. Man nennt sie auch Strelitzie oder Papageienblume.
(Vorlage Seite 32)

Orchidee

Orchideen sind sehr edle Pflanzen mit dekorativen Blüten. Bei diesem Motiv entsteht, je nach Lichteinfall, durch den farbig glänzenden Karton eine besondere Wirkung.
(Vorlage Seite 33)

Vorlage für „Paradiesvogelblume"
(Seite 30 unten)

Vorlage für „Orchidee“ (Seite 31)

Lilien

Die Blütenblätter aus geknicktem Transparentpapier lassen diese Pflanze besonders plastisch erscheinen. Die Form der Lilien erlaubt eine beliebige Verlängerung des Zweiges.
(Vorlage auf dem Vorlagebogen)

Orchideenzweig

Der Orchideenzweig besteht aus einem grünen Hauptteil, auf den die weißen Blumenteile geklebt werden. Zum Schluß kommen die rosa Blütenblätter und etwas Glimmer hinzu.
(Vorlage auf dem Vorlagebogen)

Efeutor

Die Grundform dieses Motivs muß zweimal in Weiß ausgeschnitten werden. Zwischen diese beiden Teile wird eine durchsichtige Folie geklebt. Zum Schluß werden die braunen Zaunteile und der Efeu mit seinen 40 Blättern angebracht.
(Vorlage auf dem Vorlagebogen)

Rosen

Für dieses reizvolle Motiv schneiden Sie zuerst die Blüten und Blätter aus und hinterkleben sie. Danach entfernen Sie das übrige Rahmeninnere. Die gesamte Fläche wird nun mit Gelb hinterlegt. Erst zum Schluß schneiden Sie den Ovalumriß aus.
(Vorlage Seite 38)

Fallende Blätter

Bei diesem herbstlichen Motiv bilden der Baum und der Rahmen den Hauptteil und werden mit einem Bogen Transparentpapier hinterklebt. Die Herbstblätter können Sie beliebig anordnen.
(Vorlage auf dem Vorlagebogen)

Vorlage für „Rosen" (Seite 36)

Vorlage für die vier Bäume (Seite 40 bis 43)

Hier sehen Sie die vier Jahreszeiten durch die unterschiedliche Bearbeitung einer Baumstruktur dargestellt. Der Baum wird aus Tonkarton ausgeschnitten und je nach Motiv mit den angegebenen Materialien ausgestaltet.

Frühlingsbaum

Für diesen hübschen Frühlingsbaum werden etwa 20 Blüten aus je einem gelben und fünf weißen Papierkreisen sowie rund 30 kleinen Blättern angefertigt.

(Vorlage für den Baum auf Seite 39)

Sommerbaum

Um ein sommerliches Motiv zu erhalten, schneiden Sie etwa 25 große Blätter zu und fertigen die Äpfel aus verschiedenfarbigem Tonpapier oder -karton. Der Blütenansatz wird zuletzt mit dem Filzstift aufgemalt.
(Vorlage für den Baum auf Seite 39)

Herbstbaum

Für diese herbstliche Variante stellen Sie mindestens 35 große Blätter in verschiedenen Farben her.
(Vorlage für den Baum auf Seite 39)

Winterbaum

Ein winterlicher Baum darf hier natürlich nicht fehlen. Dafür schneiden Sie Schnee und Vögel je zweimal aus und kleben sie auf beiden Seiten des Baumes auf.

(Vorlage für den Baum auf Seite 39)

Entenmutter mit Küken (Vorlage auf dem Vorlagebogen)

Landleben und Landschaften

Die Motive aus dem Landleben in diesem Kapitel reichen vom idyllisch gelegenen Dorf über die Ritterburg oben auf dem Berg bis zur Mühle mit dem klapperndem Rad. Aber auch wildromantische Landschaften entfernter Gegenden und Länder, wie beispielsweise der Grand Canyon, finden sich hier. Besonders vielseitig präsentiert sich die Zusammenstellung mit Motiven, die verschiedene Variationen aus Landleben und Landschaft abbilden.

Ackerlandschaft (Vorlage Seite 54)

Dorf mit Kirche

Besonders effektvoll wird dieses Fensterbild, wenn Sie hier und da etwas Glimmer über die Dächer streuen. Die Motive auf dieser Seite werden beidseitig gearbeitet.
(Vorlagen Seite 48 und 49)

Dorf in den Bergen

Als Grundlage für dieses Fensterbild verwenden Sie grünes Transparentpapier, das zwischen die beiden Rahmenteile geklebt wird.
(Vorlage Seite 50)

Burg

Diese Burg mit ihren gewaltigen Ringmauern mutet fast mittelalterlich an. Für das Nachbasteln dieses Motivs benötigen Sie alle Teile doppelt – nur die blaue Wasserfläche schneiden Sie einmal zu. Die Schießscharten in den Mauern werden einfach mit einem schwarzen Filzstift aufgezeichnet. (Vorlage Seite 51)

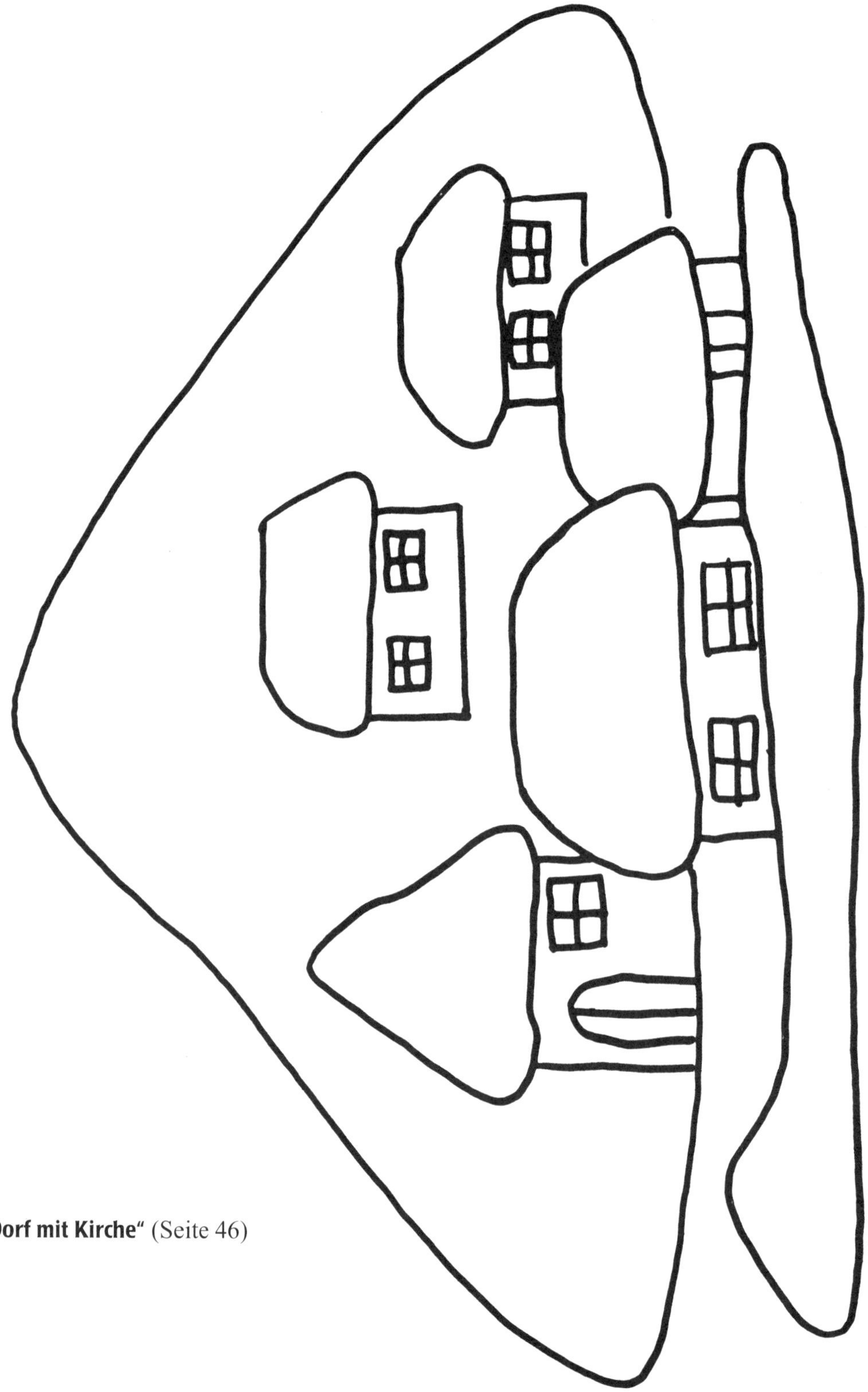

Vorlage für „Dorf mit Kirche" (Seite 46)

Vorlage für „Dorf mit Kirche“ (Seite 46)

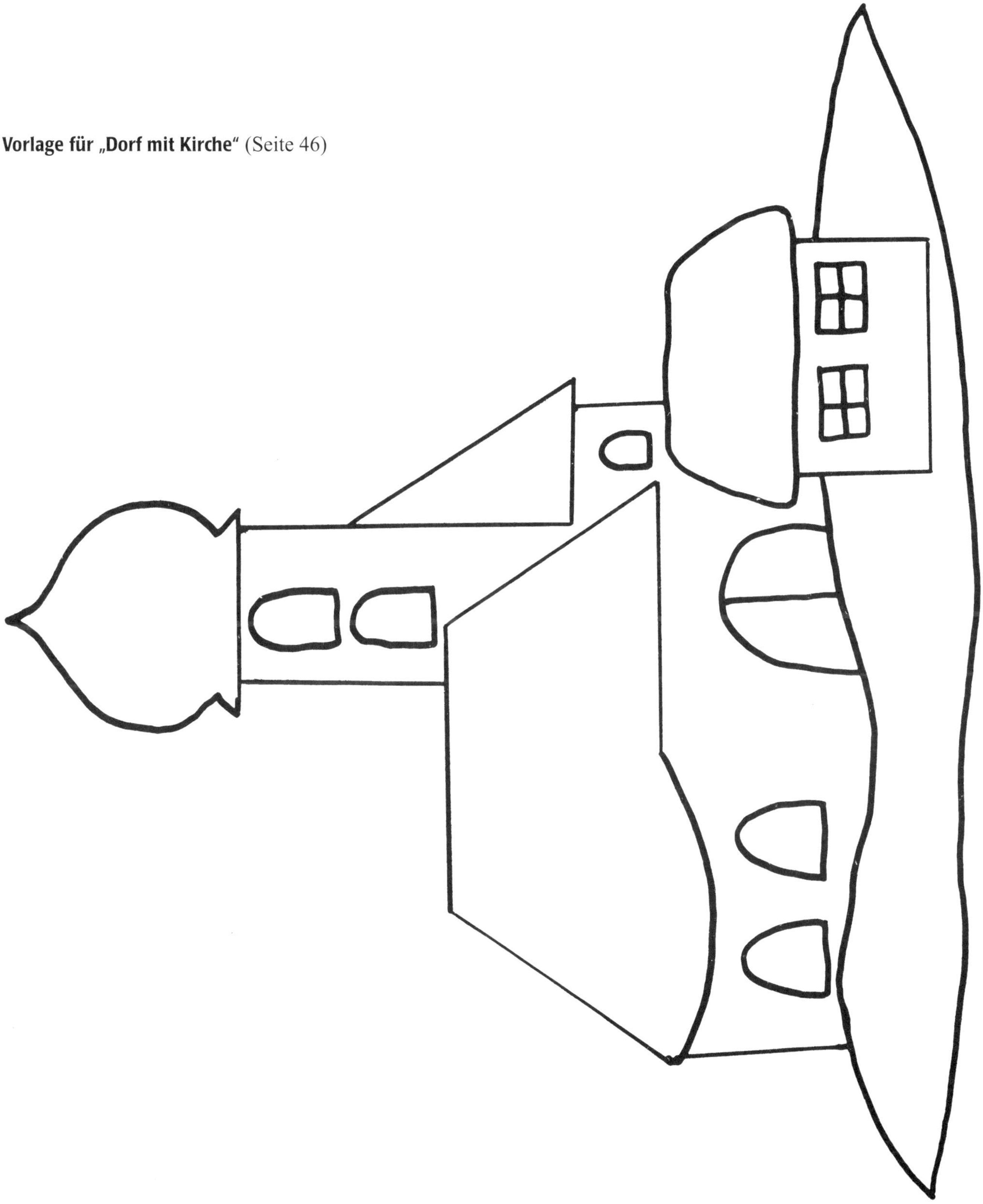

Vorlage für „Dorf in den Bergen“ (Seite 46)

Vorlage für „Burg“ (Seite 47)

Schwarzwaldmühle
Bei diesem reizvollen Motiv meint man fast das Plätschern des Baches zu hören. Die Bäume werden nur in der Mitte festgeklebt und dann leicht nach vorne geknickt. So erscheinen sie plastisch vor dem Hintergrund.
(Vorlage auf dem Vorlagebogen)

Fränkisches Bauernhaus
Die Fenster werden hier mit irisierender Folie versehen, und die Türe läßt sich sogar richtig öffnen. Um den Rasen möglichst naturgetreu erscheinen zu lassen, wird er fransig geschnitten.
(Vorlage auf dem Vorlagebogen)

Ländliche Wohnburg

Möchten Sie nicht auch in diesem gemütlichen und rustikalen Wohnhaus wohnen? Die originelle Wohnburg ist kinderleicht nachzuarbeiten und verschönt jedes Fenster. Zum Nachbasteln der Fachwerkwand kleben Sie die weißen Teile und die Fenster einfach auf die schwarze Grundfläche. Die roten Äpfel kann man ganz einfach mit einem Locher aus rotem Tonpapier ausstanzen. Bis auf die Wiese, das spitze Strohdach und den Rauch werden alle Teile doppelt angefertigt.
(Vorlage auf dem Vorlagebogen)

Vorlage für „Ackerlandschaft“ (Seite 45)

Windmühle mit Schafen

Für dieses Fensterbild müssen Sie bis auf die Wolken alle Teile zweimal aus Tonkarton ausschneiden. Erst dann werden die Schafe und der Baum vor und danach die Windmühle hinter das Rasenstück geklebt. Schließlich montieren Sie die Wolken und setzen auf der Rückseite alles passend dagegen.
(Vorlage auf dem Vorlagebogen)

Bauerngehöft

Schneiden Sie zuerst ein großes Oval aus blauem Tonkarton aus. Die untere Hälfte wird dann mit grünem Tonpapier beklebt. Nun können Sie die Formen für den grauen Weg, die Häuser, die Bäume und alles andere aufmontieren. Verfahren Sie auf der Rückseite genauso. Die Bretter der Tonne sind mit Filzstift eingezeichnet.
(Vorlage auf dem Vorlagebogen)

Flugzeug am Abendhimmel

Dieses Motiv wurde in der Schichttechnik gefertigt. Das Bild wirkt dadurch plastischer. Das Flugzeug scheint wirklich über der Landebahn zu schweben und man hat das Gefühl es könnte die Bildfläche jeden Augenblick verlassen. (Vorlage auf dem Vorlagebogen)

Zuckerhut von Rio

Werfen Sie nochmals einen Blick auf das weltbekannte Wahrzeichen von Rio de Janeiro und stellen Sie fest, wie anders die Wirkung im Vergleich zum Bild davor ist. Hier wurde zunächst ein dunkelblaues Rechteck ausgeschnitten, auf das beidseitig der Himmel, die Hügel und alle anderen Teile aufgeklebt wurden. Zuvor wurden sie doppelt aus Tonpapier gefertigt. (Vorlage auf dem Vorlagebogen)

Blick auf den Zuckerhut

Auch bei diesem Motiv sorgt die Schichttechnik für Plastizität. (Vorlage auf dem Vorlagebogen)

Vulkan auf Hawaii

Ein exotisches Motiv, bei dem kräftige Farben gut zur Geltung kommen. Zur Anfertigung schneiden Sie zuerst ein blaues Quadrat aus stabilem Tonkarton und kleben dann die anderen Teile aus Tonpapier auf. Alles zweimal schneiden und auf beide Seiten der Grundfläche montieren.
(Vorlage Seite 60)

Grand Canyon

Der Grand Canyon – hier zeigt die Natur sich in einer ihrer beeindruckendsten Formen.
Bei diesem Motiv liegen alle anderen Teile auf einem dunklen Kreis. Bis auf den Kartonkreis werden alle Teile doppelt zugeschnitten und von beiden Seiten aufgeklebt.
(Vorlage Seite 61)

Vorlage für **„Vulkan auf Hawaii“** (Seite 58)

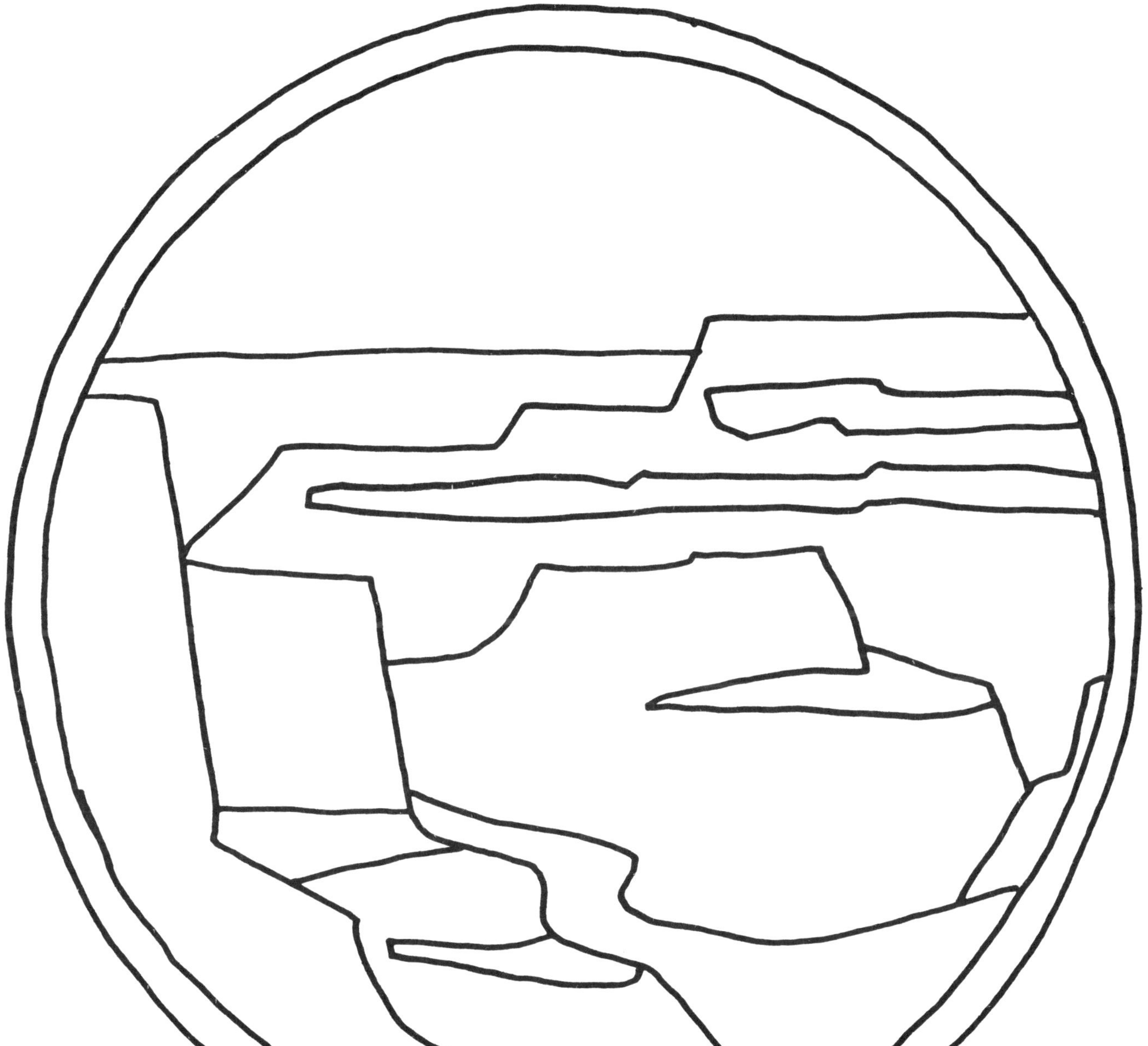

Vorlage für „Grand Canyon“ (Seite 59)

Fledermäuse in der Nacht (Vorlage auf dem Vorlagebogen)

Gespenster, Drachen und Märchen

Tapfere und unerschütterliche Ritter in klirrenden Rüstungen bekämpfen wütende, feuerspeiende Drachen. Gespenster treiben in der Vollmondnacht ihren Schabernack rund ums Spukschloß, Dornröschen hält in Rosen gebettet ihren hundertjährigen Schlaf. Diese und noch mehr zauberhafte Bilder aus der Welt der Märchen, Drachen und Gespenster finden Sie hier.
Besonders geeignet sind diese Motive natürlich fürs Kinderzimmer.

Feuerspeiender Drache (Vorlage auf dem Vorlagebogen)

Das Gespensterschloß

An diesem Fensterbild werden besonders Kinder ihren Spaß haben. Das Schloßgebäude fertigt man zweimal und klebt die beiden Teile gegeneinander. Auch die Fledermaus vor dem Mond wird doppelt ausgeschnitten und auf der Vorder- und Rückseite aufgeklebt. Die Gespenster im Tor und im Fenster sind nur als Kopfmotiv zwischen die beiden Schloßteile geklebt. Das ganze Mobile läßt sich in den Farben variieren.
(Vorlage Seite 66)

Geisterstunde

Auch dieser fröhliche Spuk wird Kindern Freude machen.
Damit das Fensterbild von beiden Seiten gleich aussieht, benötigen Sie alle Teile doppelt. Die Gesichter der Gespenster werden mit Filzstiften aufgemalt.
(Vorlage Seite 67)

Vorlage für „Das Gespensterschloß“ (Seite 64)

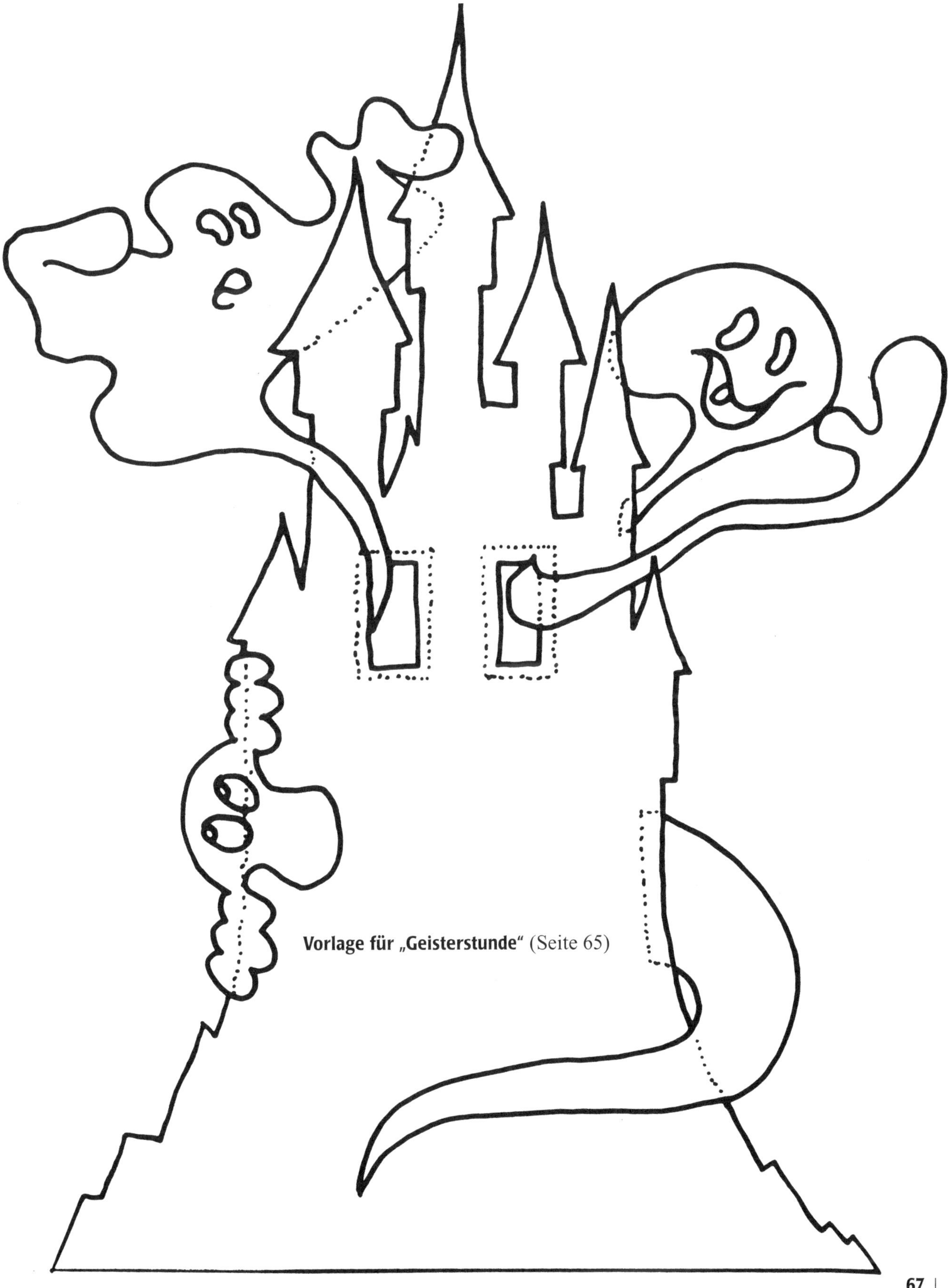

Vorlage für „Geisterstunde“ (Seite 65)

Ritter gegen Drache

Unerschrocken stellt sich der Ritter dem Untier entgegen. Wer diesen erbitterten Zweikampf wohl gewinnen wird?
Für dieses Motiv benötigen Sie alle Teile – bis auf die braune Höhle, den Federbusch am Helm, den linken Arm des Ritters und die rote Flamme – doppelt. Das Auge des Drachens und die Visierschlitze zeichnen Sie mit einem Filzstift auf.
(Vorlage auf dem Vorlagebogen)

Nessi mit Nachwuchs

Ob das berühmte Ungeheuer von Loch Ness wirklich so lustig aussieht? Die einzelnen Figuren lassen sich zu einem lustigen Mobile zusammenfügen. Bis auf die roten Kämme werden alle Teile zweifach ausgeschnitten. Die feinen schwarzen Linien und die Augen werden mit Filzstift aufgemalt. (Vorlage Seite 70)

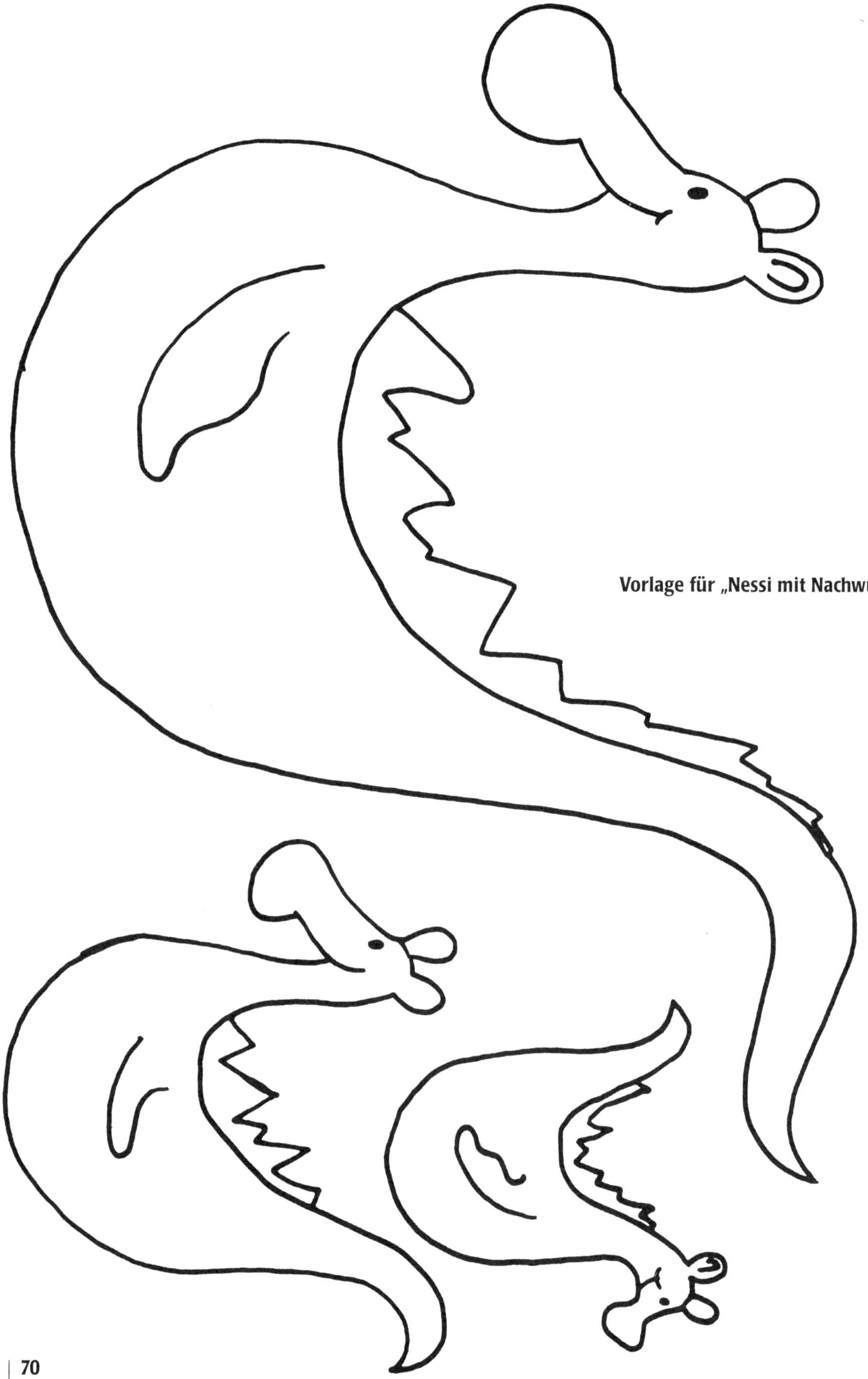

Vorlage für „Nessi mit Nachwuchs“ (Seite 69)

Vorlage für „Der Froschkönig“ (Seite 72)

Der Froschkönig

Das beliebte Märchen vom Froschkönig lieferte dieses wunderschöne Motiv. Den Rahmen des Fensterbildes bilden zwei Bäume, deren Äste miteinander verbunden sind. Die Zwischenräume muß man sehr vorsichtig ausschneiden, am besten geht das mit einem Papierschneidemesser. Um einen plastischen Eindruck zu erzielen, fertigen Sie die Gräser mehrfach an.
(Vorlage Seite 71)

Der Fischer un sin Fru

Kennen Sie die Geschichte von dem Butt, der einem Fischer, vor allem aber dessen habgieriger Frau, fast alle Wünsche erfüllte? Hier geht er dem Fischer gerade an die Angel.
Besonders schön wirkt das Bild durch das Transparentpapier und die dunklen Silhouetten, die darauf gut zur Geltung kommen. Als Angelschnur dient ein Nähfaden.
(Vorlage Seite 76)

Dornröschen

Von einem Rahmen aus Rosen umgeben hält Dornröschen seinen hundertjährigen Schlaf. Die filigranen Rosenranken schneiden Sie am besten mit einem Papierschneidemesser aus, die Rosenblüten werden doppelt angefertigt und von beiden Seiten aufgeklebt. Für die Blüten, das Muster am Kleid, den Gürtel und das Gesicht benutzen Sie Filzstifte. Dornröschens Haare sind aus ungesponnener Wolle.
(Vorlage Seite 77)

Die Schneekönigin

In einem prächtigen Gewand präsentiert sich die Schneekönigin. Möchten Sie dieses Motiv mit Transparentpapier gestalten, muß die Umrißform doppelt aus dünnem Karton zugeschnitten werden. Dazu zwei Bogen weißen Karton zusammentackern und dann mit dem Cutter von innen nach außen die Form zuschneiden. Das Transparentpapier entsprechend einpassen und nur an wenigen Punkten auf einem Kartonteil festkleben. Die zweite Umrißform mit Klebstoff versehen und drauflegen. Stab und Sternenspitze fixieren. Eine besondere Wirkung erhalten Sie, wenn Sie das Kleid mit selbstklebenden Sternen verzieren.
(Vorlage auf dem Vorlagebogen)

Vorlage für „Der Fischer un sin Fru“ (Seite 73)

Vorlage für „Dornröschen" (Seite 75)

Aschenputtel

Das Märchen von dem armen Mädchen, das am Ende den Prinzen heiratet, gehört wohl zu den beliebtesten auf der Welt. Für Aschenputtels Kleid sollten Sie keine leuchtenden Farben auswählen. Die Tauben werden teilweise mit einem dünnen Faden am Rahmen befestigt und teilweise einfach aufgeklebt.

(Vorlage Seite 80)

Schneeweißchen und Rosenrot

Obwohl in ihrem Wesen sehr unterschiedlich, waren die Geschwister Schneeweißchen und Rosenrot einander sehr zugetan. Zusammenhalt und Gegensatz bringt das Fensterbild sehr gut zum Ausdruck. Es ist symmetrisch aufgebaut und die Farben Weiß und Rot kommen immer als umgekehrtes Paar vor. Damit das Fensterbild gut hängt und die Mädchen aufrecht stehen, führen Sie den Aufhängefaden von den Händen aus nach oben durch den Rahmen.

(Vorlage auf dem Vorlagebogen)

Das tapfere Schneiderlein

Wer kennt es nicht – das Märchen vom tapferen Schneiderlein, das sieben auf einem Streich erledigte. Daß es sich dabei um sieben Fliegen handelte, tat seinem Ruf großer Tapferkeit keinen Abbruch. Das Fensterbild ist Ton in Ton gehalten, und der kreisförmige Rahmen mit den beiden Vorhängen macht es zu einem interessanten Blickfang.
(Vorlage Seite 81)

Vorlage für „Aschenputtel“ (Seite 78)

Vorlage für „Das tapfere Schneiderlein“ (Seite 79)

Rapunzel
Das auffälligste Merkmal an Rapunzel war wohl das lange Haar, an dem der Prinz, der sie liebte, hinaufklettern und zu ihr in das Turmzimmer gelangen konnte. Der Zopf ist aus Wolle und wird zwischen die Turmteile geklebt. (Vorlage auf dem Vorlagebogen)

Sterntaler

Wegen seiner Farbkontraste wirkt dieses Bild besonders schön. Schneiden Sie den Rahmen zweifach aus festem Fotokarton zu. Danach wird das Sterntalermädchen gestaltet, für dessen Befestigung am Kopf sowohl als auch am Fußteil eine Klebefläche angeschnitten werden muß. Aus dem doppelt gelegten Transparentpapier, das als Himmelsfläche dient, werden mit Hilfe von Schablonen die Sterne in zwei Größen ausgeschnitten. Schneiden Sie dann genügend gelbe Sterne zu und achten Sie darauf, daß sie zum Einkleben jeweils einige Millimeter größer sein müssen als die Öffnung am Himmel. Heften Sie die beiden Flächen des Himmels vorsichtig aufeinander und fixieren Sie sie am Rahmen. Danach werden das Sterntalermädchen und die frei schwebenden, an dunklen Fäden befestigten Sterne am „Horizont" montiert. Zum Schluß setzen Sie den zweiten Rahmen auf.
(Vorlage auf dem Vorlagebogen)

Nils Holgerson und die Wildgänse
Trotz seiner Einfachheit – oder vielleicht gerade deswegen – wirkt dieses Motiv aus der berühmten Geschichte von Selma Lagerlöf besonders schön. Die Anfertigung macht keine große Mühe, denn die Teile werden lediglich einmal aus Karton zugeschnitten. (Vorlage auf dem Vorlagebogen)

Gänseliesel

Sehr verschmitzt lacht die Gänseliesel auf diesem Fensterbild. Für die Anfertigung schneiden Sie Kopf, Hände, Gras und Zweig einmal aus Tonkarton zu, alles Übrige zweimal. Das Gesicht und die feinen Linien werden mit Filzstift aufgemalt.
(Vorlage auf dem Vorlagebogen)

Mäusewohnung (Vorlage auf dem Vorlagebogen)

Lustige und bunte Tiere

Alle Kinder – und natürlich auch viele Erwachsene – mögen Tiere. Das folgende Kapitel präsentiert daher besonders farbenfrohe und abwechslungsreiche Fensterbilder, auf denen quirlige kleine Mäuse, quietschfidele Enten und Gänse, emsige Bienen und viele andere Tiere zu sehen sind. Diese originellen Motive sind ein besonders schöner Schmuck für jedes Kinderzimmerfenster. Einige sind dabei etwas komplizierter in ihrer Anfertigung und andere wiederum ganz einfach, so daß auch Kinder durchaus in der Lage sind, ein eigenes Fensterbild zu basteln.

Maus mit Hantel (Vorlage Seite 89)

Vorlage für „Mäuse auf einem Stück Käse“ (Seite 103)

Vorlage für „Maus mit Hantel" (Seite 87)

Papageientaucher

Einen wirklich hübschen Anblick bietet dieser Papageientaucher, der an vielen Küsten Nordeuropas beheimatet ist – ein ebenso wendiges wie putziges Tier. Mit seinem kräftigen Schnabel und den starken Krallen kann er in Abhängen mit lockerem Boden bis zu fünf Meter lange Niströhren graben. Bei der Anfertigung des Bildes sollten Sie darauf achten, daß das Auge erst zum Schluß auf die weiße Kopffläche geklebt wird.
(Vorlage Seite 91)

Schwarzköpfchen

Sehr farbenfroh präsentiert sich das Papageienpaar aus dem Süden Australiens, das zu der Gattung der „Unzertrennlichen" gehört. Der Name bedeutet, daß die Vögel, wenn sie sich erst einmal gefunden haben, ein Leben lang zusammenbleiben und nicht getrennt werden dürfen. Besonders auffällig sind die dunklen Köpfe, für deren Anfertigung braunes und blaues Transparentpapier übereinander geklebt wurde.
(Vorlage Seite 93)

Vorlage für „Papageientaucher“ (Seite 90)

Vorlage für „Schwarzköpfchen" (Seite 91)

Turmspringer

Fehlt der Mut für den Sprung ins kalte Wasser, so kann ein etwas unsanfter Fußtritt die nötige Hilfestellung geben. Die Sonne, den Rahmen und den Schnabel der linken Gans schneiden Sie jeweils einmal aus Tonkarton zu, alle anderen Teile jeweils zweimal.
(Vorlage Seite 97)

Schlittschuhlaufen

Das Schlittschuhlaufen auf dem Eis ist selbst für diese talentierten Enten gar nicht so einfach.
Für die Anfertigung dieses lustigen Fensterbildes schneiden Sie Eis und Schnee jeweils einfach aus Transparentpapier zu, der Rest wird zweifach aus Tonkarton gefertigt.
(Vorlage Seite 96)

Vorlage für „Schlittschuhlaufen“ (Seite 94)

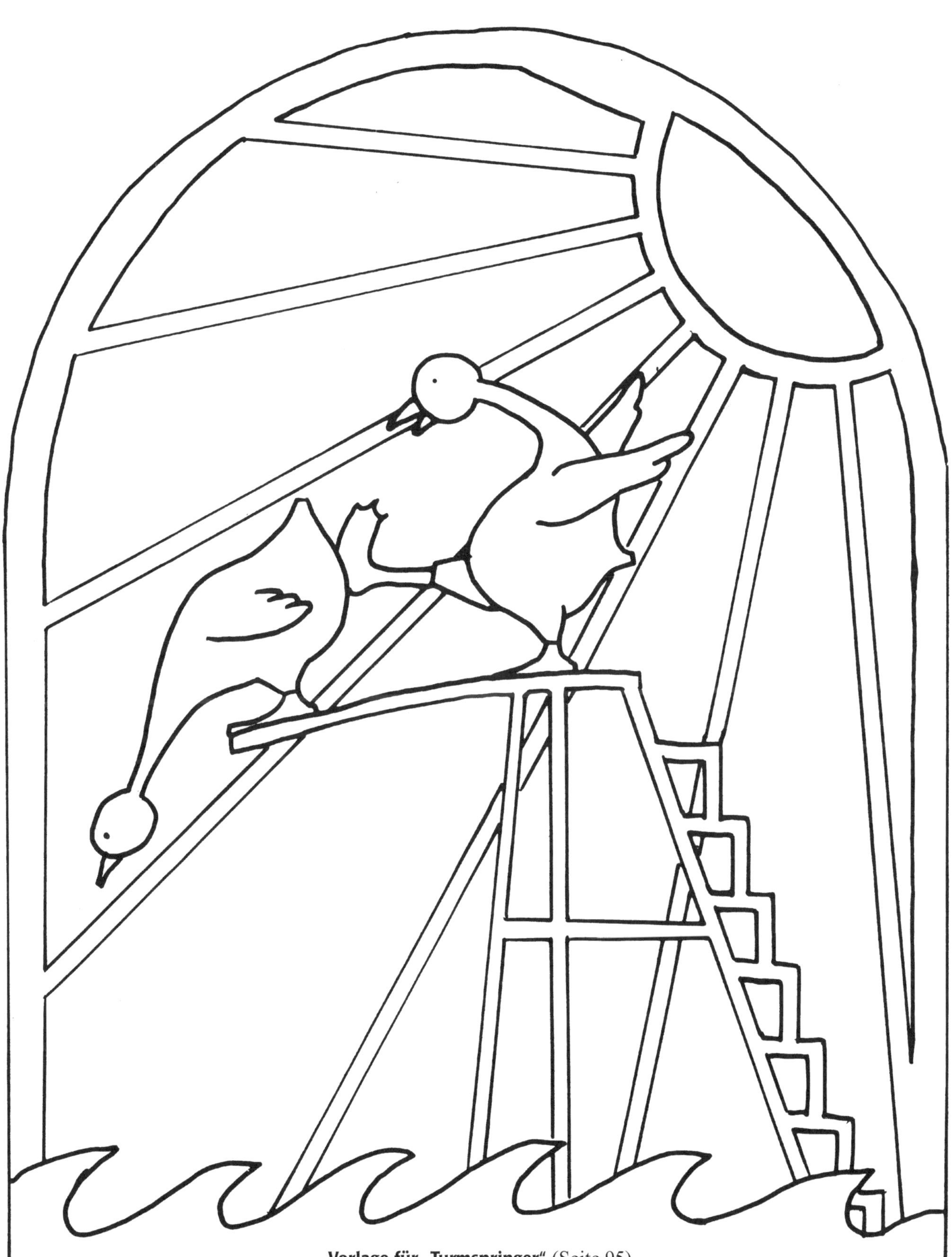

Vorlage für „Turmspringer“ (Seite 95)

Katze vor dem Goldfischglas

Was diese Katze im Schilde führt ist offensichtlich. Für die Anfertigung werden auf beiden Seiten der Katzengrundform die Teile für das Gesicht, die Ohren und das Fell aufgeklebt. Dann wird die Katze zwischen je ein rotes Bodenteil gesetzt. Das Goldfischglas wird mit durchsichtiger Geschenkfolie hinterklebt. Das blaue Wasserteil, auf dem zuvor die Fische angebracht worden sind, wird hinter der Glasform befestigt. Zum Schluß fixieren Sie das Goldfischglas auf dem Fensterbild und kleben ein zweites Glas deckungsgleich dahinter. (Vorlage Seite 100)

Kaninchen auf der Wiese

Fröhlich spielen die Kaninchen auf der Blumenwiese Fangen. Für dieses Motiv wird der Rahmen einfach, alle anderen Teile doppelt ausgeschnitten. Der Rahmen wird mit transparenter Zierfolie hinterklebt, die zwei Grasteile werden deckungsgleich auf beiden Seiten des Bildes angebracht. Die Kaninchen kleben Sie ebenfalls beidseitig auf. Die Ohren, Augen und Schnäuzchen werden aus Fotokarton ausgeschnitten und zu Tiergesichtern zusammengefügt. Zum Schluß wird der Löwenzahn auf dem Fensterbild fixiert.
(Vorlage Seite 101)

Vorlage für „Katze vor dem Goldfischglas“ (Seite 98)

Vorlage für „Kaninchen auf der Wiese“ (Seite 99)

Mäuse auf einem Stück Käse

Auch den zwei Mäuschen, die hier am Käse knabbern, schmeckt es offensichtlich. Schneiden Sie den Ring einmal aus Tonkarton; alle anderen Teile zweimal aus Tonpapier aus.
(Vorlage Seite 88)

Naschkatze

Diese Katze läßt sich die Milch gut schmecken! Schneiden Sie die lila Fläche einmal, alles andere zweimal aus Tonkarton aus, und kleben Sie die doppelten Teile gegeneinander. Das Gesicht und die Krallen werden mit Filzstift aufgemahlt.
(Vorlage auf dem Vorlagebogen)

Maulwurf mit Schaufel

Dieser Maulwurf gräbt tagein, tagaus fleißig tiefe Löcher und ist immer gut gelaunt.

Die Figur gewinnt an Plastizität, wenn die rosafarbenen Hände und Füße nicht ganz deckungsgleich aufgeklebt werden.

Die Anfertigung des Fensterbildes ist gar nicht schwer und kann daher auch von Kindern vorgenommen werden.

(Vorlage Seite 106)

Häschen mit Zahnbürste

Wegen seiner großen Schneidezähne, die oft geputzt werden müssen, hat dieses Häschen eine große Zahnbürste bei sich. Zu beachten ist, daß das Häschen einen Wuschelschwanz und ein Haartoupet auf die Kehrseite geklebt bekommt. Die Hinterläufe werden ebenfalls von hinten aufgeklebt, mit allen anderen Teilen wird die Vorderseite gestaltet. Nur die Borsten der Zahnbürste brauchen Sie zweifach, um sie auf der Rückseite des Motivs gegen die vorderen Borsten zu kleben.

(Vorlage Seite 107)

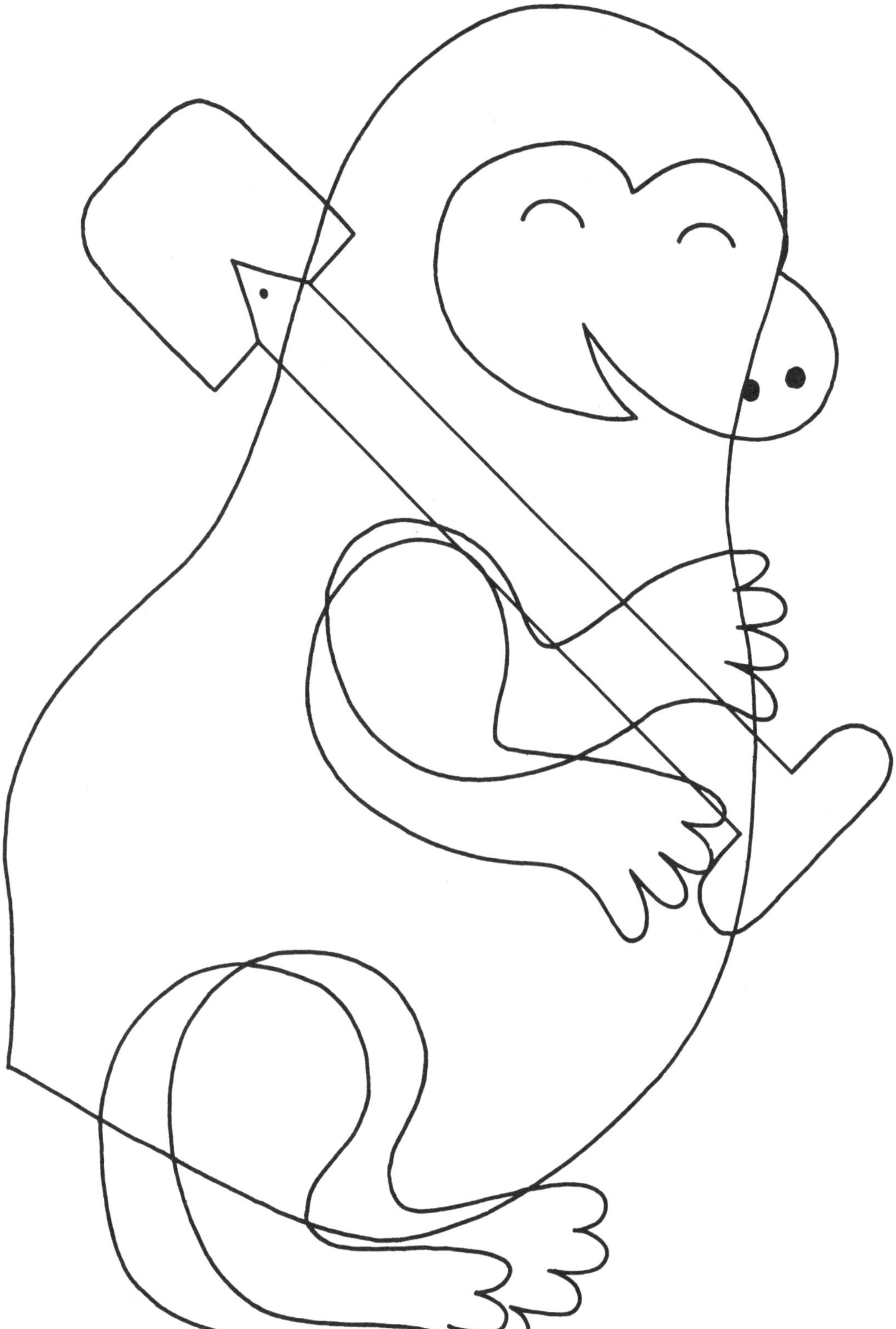

Vorlage für „Maulwurf mit Schaufel"
(Seite 104)

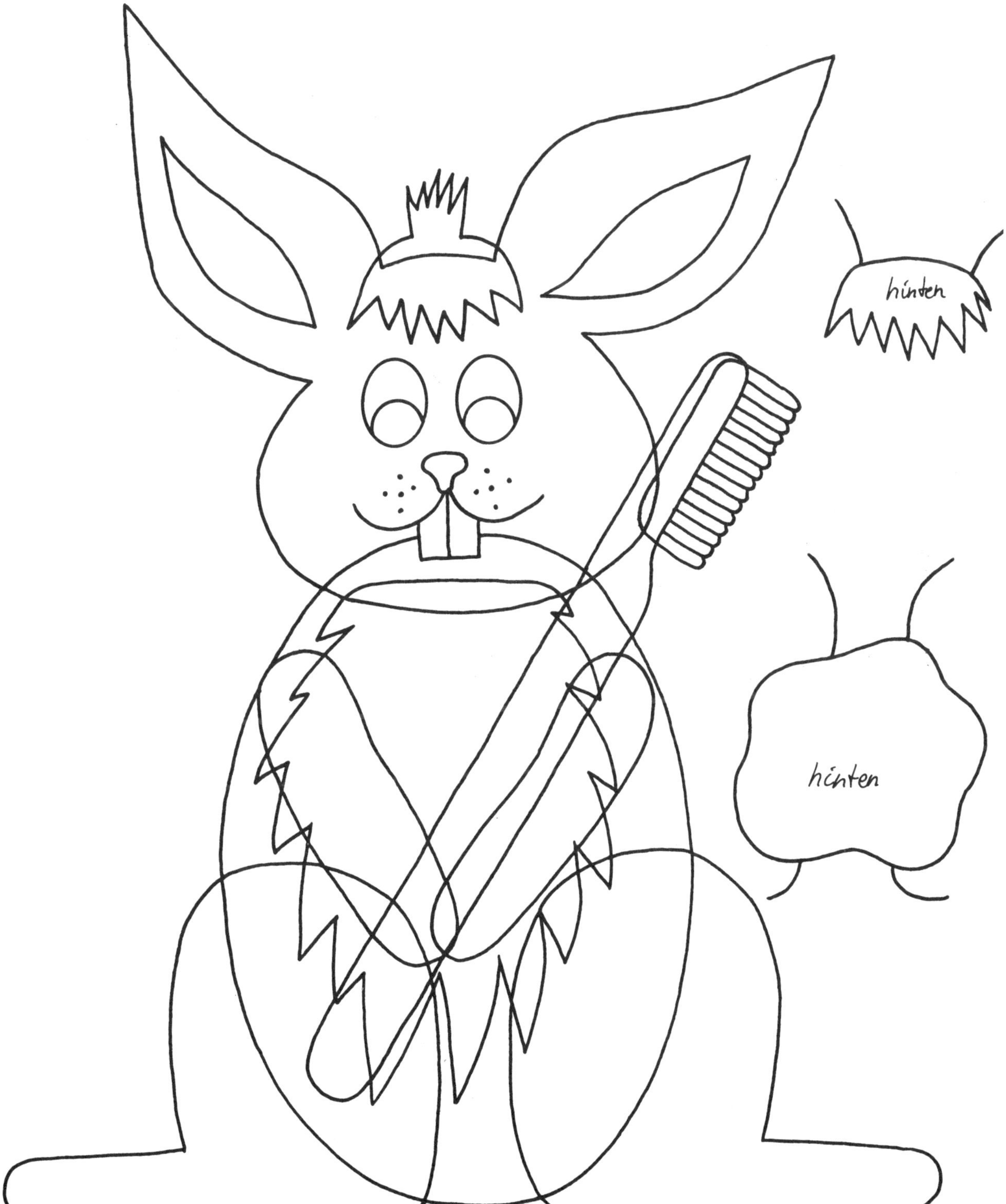

Vorlage für „Häschen mit Zahnbürste"
(Seite 105)

Hühner auf der Wiese

Bei diesem Motiv werden die Grasteile einfach und die Figuren doppelt ausgeschnitten. Dann werden die beiden Grundformen des Hahnes deckungsgleich auf das erste Grasteil geklebt. Danach werden beidseitig Gesicht, Flügel, Schwanzfedern und Füße angebracht. Auf dem zweiten Grasteil befestigen Sie Henne und Küken und kleben es an das Hahnmotiv, auf der Rückseite wird alles gegengleich angebracht. Zum Schluß wird das dritte Grasstück beidseitig mit der pickenden Henne beklebt. Nun können Sie die beiden Bildteile des Mobiles aufhängen.
(Vorlage auf dem Vorlagebogen)

Storch am Teich

Der blaue Rahmen für das Fensterbild wird einfach, die Teile für die verschiedenen Pflanzen und Tiere werden doppelt zugeschnitten. Kleben Sie sie paßgenau von beiden Seiten gegen den Rahmen. Den Storchenschnabel versehen Sie mit einem kleinen Schlitz. Schieben Sie dort den Frosch hinein und kleben Sie ihn etwas an. Die winzigen Augen werden ausgestanzt. (Vorlage auf dem Vorlagebogen)

Igel auf Futtersuche

Dieser kleine Igel befindet sich auf Futtersuche. Mal findet er einen Apfel und mal eine Birne. Aus diesem sehr großformatigen und einfachen Motiv, das auch schon für kleine Bastler geeignet ist, läßt sich ein schönes Mobile gestalten.
(Vorlage Seite 112)

Zwei gute Freunde

Man erkennt es auf den ersten Blick: Die Schildkröte und der Hahn sind zwei richtig gute Freunde.
Schneiden Sie für dieses Motiv das Grundgerüst zweimal aus schwarzem Tonkarton zu. Hinterkleben Sie es mit den verschiedenen Transparentpapierteilen. Drehen Sie dann das Ganze um und kleben Sie das zweite Kartongerüst deckungsgleich dagegen.
(Vorlage Seite 113)

Vorlage für „Igel auf Futtersuche"
(Seite 110)

Vorlage für „Zwei gute Freunde"
(Seite 111)

Wer hat die Kokosnuß geklaut?

Wütend rüttelt der Affe an der Palme.
Für die Anfertigung dieses Fensterbildes schneiden Sie Laub, Palme, Gras und Affe einmal, alles andere zweimal zu.
(Vorlage Seite 116)

Gänsetrio

Eifrig versuchen die drei Gänse, einen Fisch zu fangen, und recken dafür ganz schön ihre Hälse.
Dieses Motiv hat besonders schöne Farben. Für die Anfertigung schneiden Sie bitte das Schilf einmal, alle anderen Teile jeweils zweimal aus Tonkarton aus.
(Vorlage Seite 117)

Vorlage für „Wer hat die Kokosnuß geklaut“ (Seite 114)

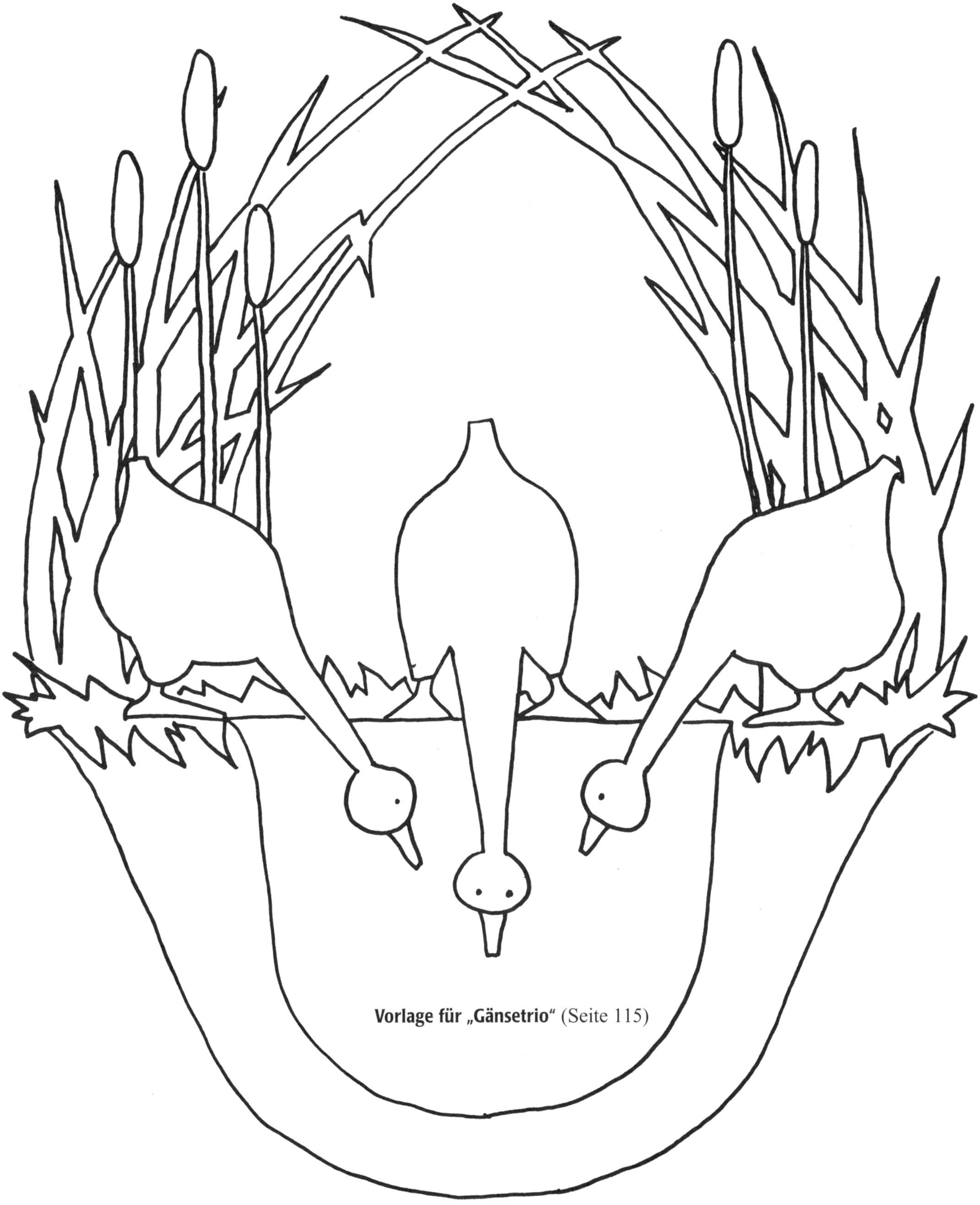

Vorlage für „Gänsetrio“ (Seite 115)

Äffchen mit Schirm

Es handelt sich hierbei um ein besonders lustiges Motiv. Der Rahmen wird einmal, alle anderen Teile doppelt zugeschnitten. Die Teile der Figur werden gegengleich im Rahmen montiert. Schirm- und Gesichtsteile werden auf beiden Seiten außen aufgeklebt. Mit schwarzem Filzstift die Schmucklinien einzeichnen.
(Vorlage Seite 129)

Fliegender Marienkäfer

Diesen kleinen Käfer mögen alle Kinder gern. Hier werden außer dem Käferkörper alle Teile doppelt ausgeschnitten.
(Vorlage Seite 121)

Emsiges Bienchen am Blütenzweig

Ganz einfach zuzuschneiden sind die Motive auf dieser Seite. Für das Bienchen und den Blütenzweig werden Blüten, Flügel, rechter Arm und die gelben Streifen je einmal, alles andere zweimal angefertigt.
(Vorlage Seite 120 und 121)

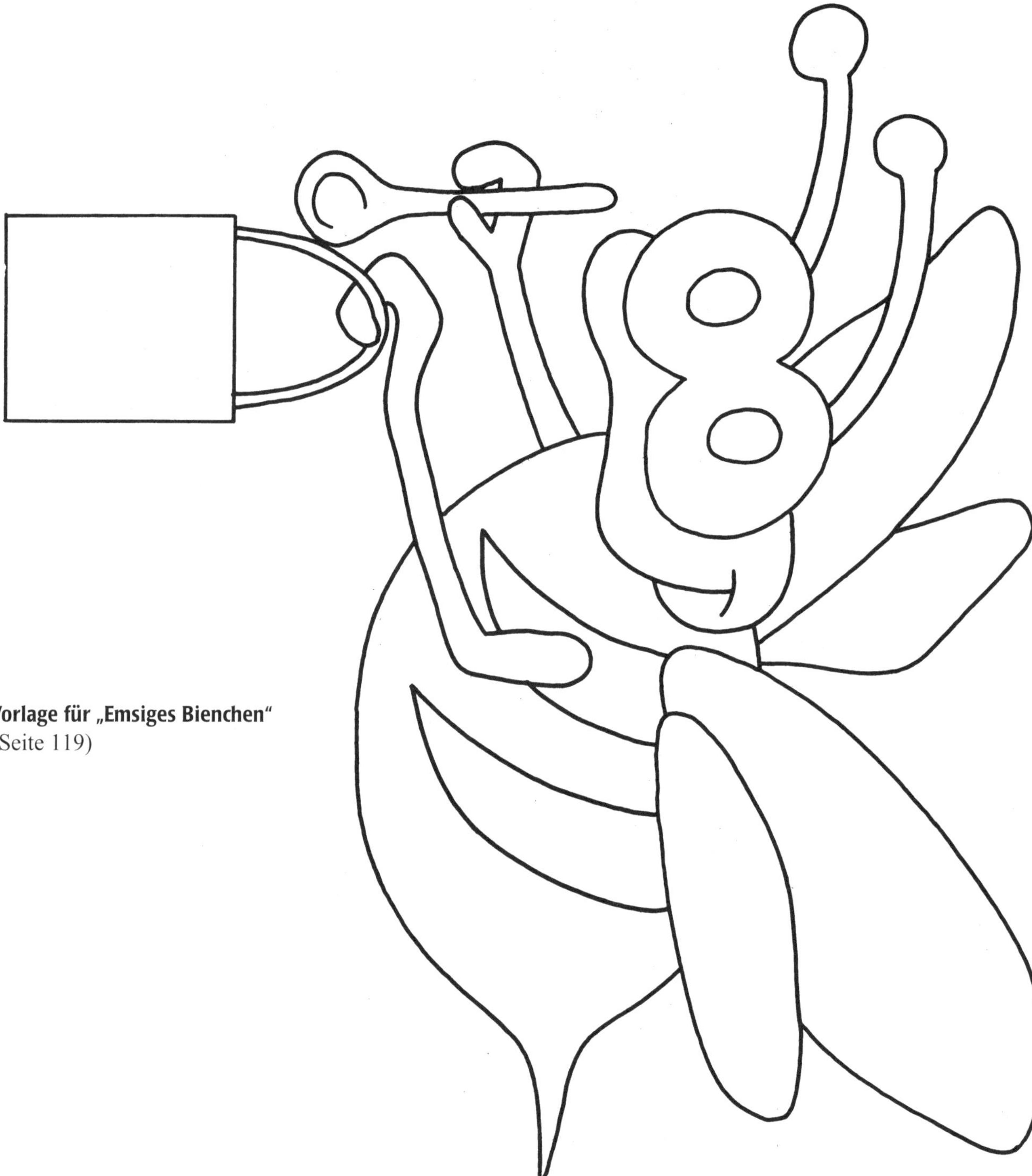

Vorlage für „Emsiges Bienchen“
(Seite 119)

Vorlage für „Fliegender Marienkäfer“
(Seite 119)

Vorlage für „Blütenzweig“ (Seite 119)

Schlafende Ente

Für dieses Fensterbild in Schichttechnik werden alle Teile bis auf das Schilf doppelt aus Tonkarton zugeschnitten. Das Schilf kleben Sie zwischen die blauen Kartons. (Vorlage Seite 124)

Enten am Teich

Auch hier wird – wie beim Motiv oben – alles bis auf den blauen Karton doppelt gefertigt. (Vorlage Seite 124)

Zwei Katzen

Bei den beiden Katzen handelt es sich um einfache Motive, die auch für kleine Bastler geeignet sind. Der Schwanz der kleineren Katze signalisiert sofort: Achtung, ich bin knurrig. Die größere Katze, die aus Glanzkarton gearbeitet ist, wirkt dagegen viel freundlicher und verspielter.
(Vorlage Seite 125)

Vorlage für „Schlafende Ente“ (Seite 122)

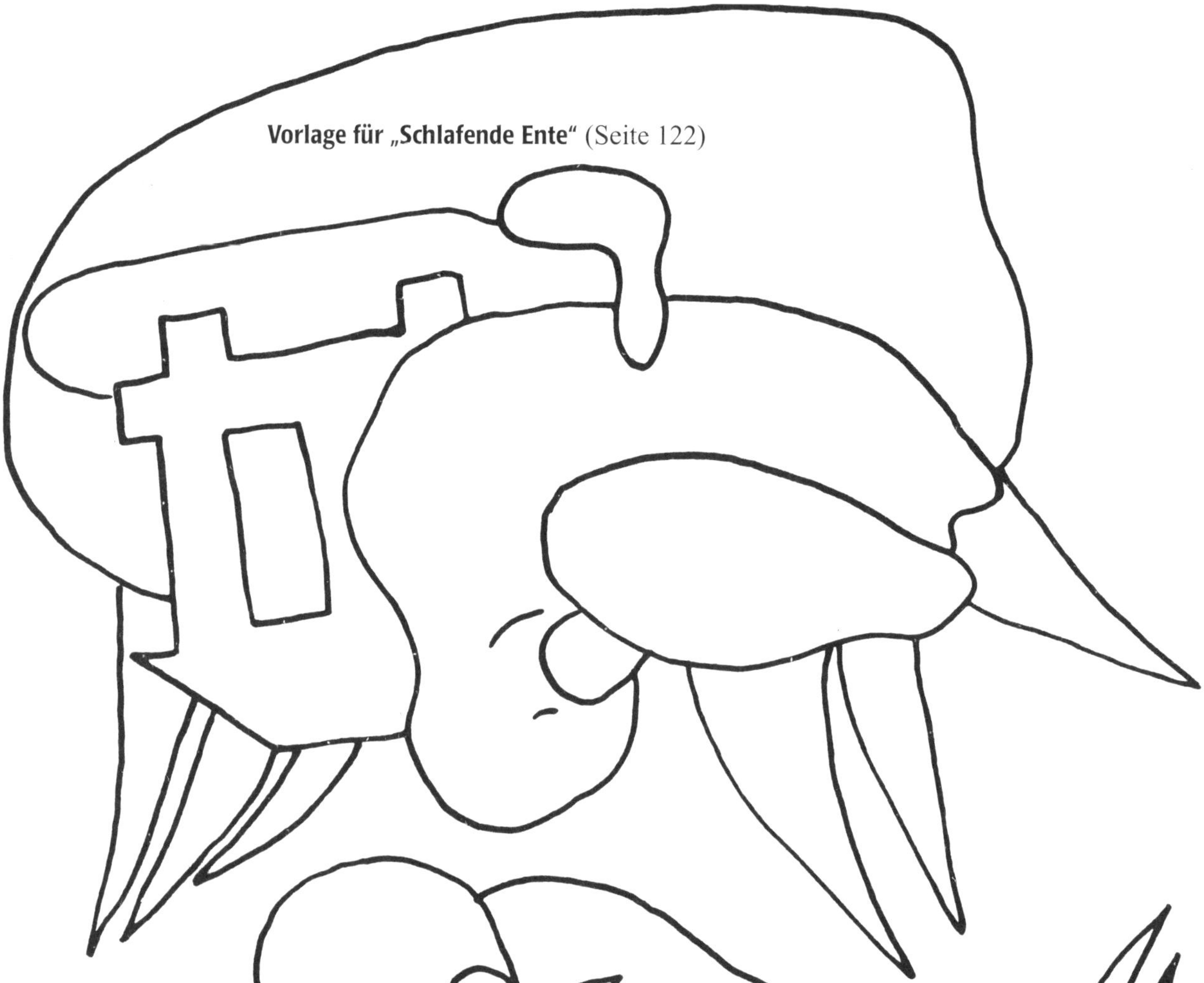

Vorlage für „Enten am Teich“ (Seite 122)

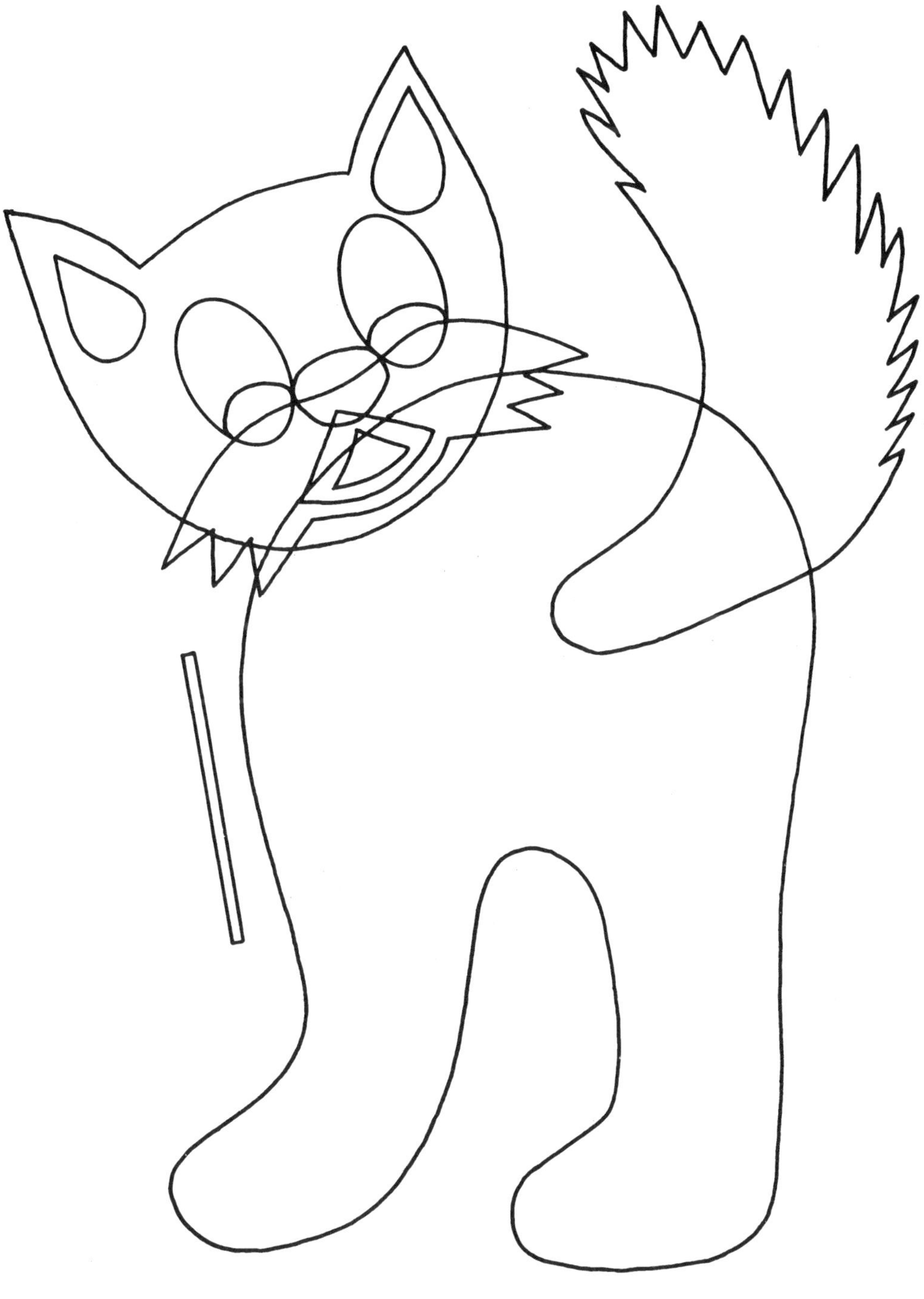

Vorlage für „Zwei Katzen" (Seite 123)

Enten im Wasser

Diese lustig planschenden Enten sind ein weiteres Beispiel für die kombinierte Positiv- und Negativtechnik. Fertigen Sie das Fensterbild einmal aus Tonkarton.
(Vorlage Seite 128)

Entenpaar im Röhricht

Für diese Fensterbilder wurde die Stege-Technik angewendet. Schneiden Sie für die Variante mit Transparentpapier die Teile doppelt aus Tonkarton zu. Für das untere Bild benötigen Sie alles nur einfach.
(Vorlage auf dem Vorlagebogen)

Vorlage für „Enten im Wasser“
(Seite 126)

Vorlage für „Äffchen mit Schirm“
(Seite 118)

Schmetterling auf Blüte

Für dieses Fensterbild fertigen Sie bis auf den Blütenstengel alle Teile zweimal an.

Vorlage für „Schmetterling auf Blüte"

(Seite 130)

Lustige Zahlenclowns (Vorlage Seite 134)

Motive mit Zahlen und Buchstaben

Etwas ganz anderes im Vergleich zu den vorangegangenen Kapiteln sind Fensterbilder mit Zahlen und Buchstaben. Sie machen sich besonders gut als Schmuck fürs Kinderzimmer, aber auch als Gruß- oder Gückwunschkarten bereiten sie viel Freude. Größtenteils ist ihre Anfertigung so einfach, daß auch die kleinen Bastler hier zum Zuge kommen, die sich besonders als ABC-Schützen gern der gerade gelernten Zahlen und Buchstaben annehmen.

ABC (Vorlage Seite 135)

Vorlage für „Lustige Zahlenclowns" (Seite 132)

Vorlage für „ABC“ (Seite 133)

Telefon

Dieses Motiv eignet sich auch als Glückwunsch- oder Grußkarte, zum Beispiel beim Einzug in eine neue Wohnung. Das Telefon wird aus grauem Karton ausgeschnitten und mit bunten Zahlen beklebt. Die Zahlen kann man entweder nebeneinander oder im Halbkreis anordnen.
(Vorlage Seite 138)

Bärchen

Dieser niedliche Bär läßt sich kinderleicht herstellen und löst bei einem kleinen Geburtstagskind bestimmt viel Freude aus.
(Vorlage Seite 139)

MARC
7.7.'92

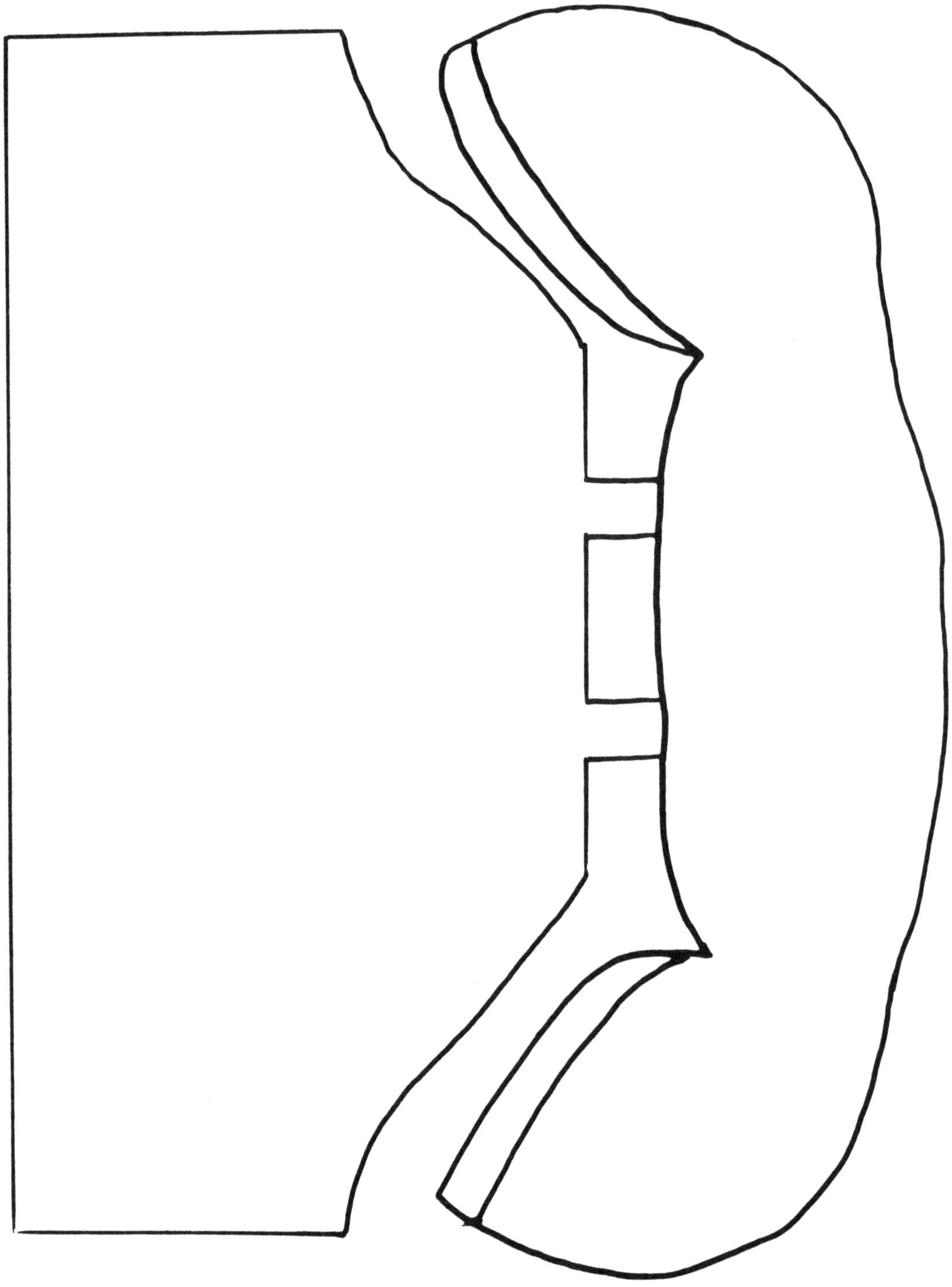

Vorlage für „Telefon“ (Seite 136)

Vorlage für „Bärchen“ (Seite 137)

Frühling

Die Buchstaben für dieses Motiv wurden aus hellgrünem und gelben Karton ausgeschnitten und mit verschiedenen frühlingshaften Motiven beklebt. Aus den Buchstaben kann man ein Mobile machen, oder man klebt sie einfach einzeln auf die Fensterscheibe.
(Vorlage Seite 142)

Sommer

Die Farben für den Sommer sind bunt und kräftig. Die Buchstaben wurden mit sommerlichen Motiven versehen.
(Vorlage Seite 142)

Herbst
Die Buchstaben für den Herbst wurden aus braunem Karton ausgeschnitten. Die Farben für die Motive sollten nicht zu leuchtend sein.
(Vorlage Seite 143)

Winter
Sehr winterlich präsentiert sich diese Buchstabenreihe. Da es im Winter oft schneit, wurden die Buchstaben aus weißem Karton ausgeschnitten.
(Vorlage Seite 143)

Vorlage für die Motive „Frühling“ und „Sommer“ (Seite 140)

Vorlage für die Motive „Herbst" und „Winter" (Seite 141)

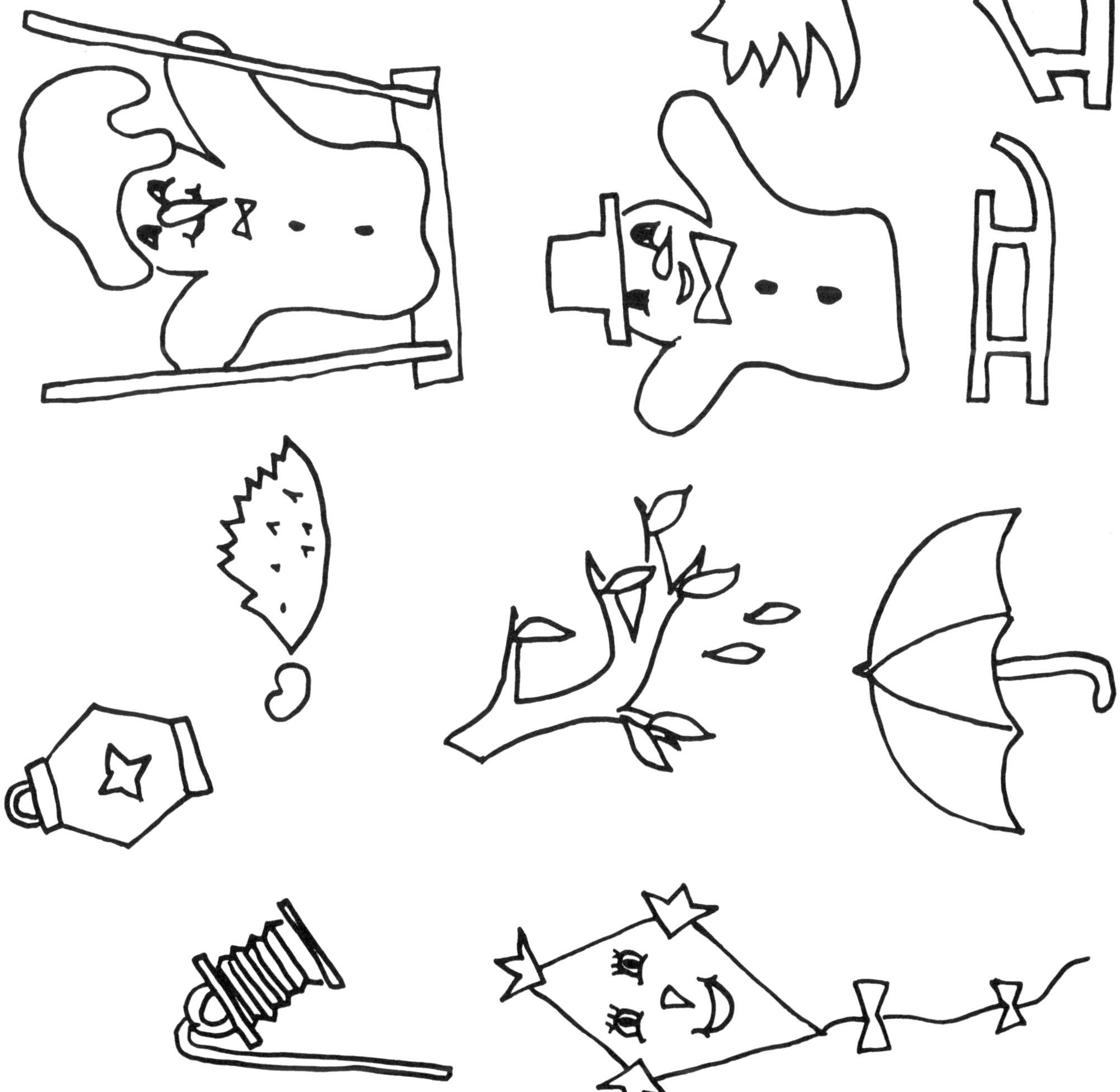

Zum gleichen Thema sind bei Bassermann bereits erschienen:
Die schönsten Fensterbilder (1/0101)
Die schönsten Fensterbilder 2 (1/0116)
Fensterbilder Tiere (1/0139)

Die Deutsche Bibliothek – CIP-Einheitsaufnahme

Fröhlich-bunte Fensterbilder : [mit grossem Vorlagebogen ; alle Motive in Originalgrösse] / hrsg. von Christina Mainhard. – Niedernhausen/Ts. : Bassermann, 1995
ISBN 3-8094-0173-0

ISBN 3 8094 0173 0

Titelbild: Photo-Illustrations Ltd., Jersey
Titelgestaltung: Andreas Jacobsen
Fensterbild auf dem Umschlag: Magier (Vorlage auf dem Vorlagebogen)
Fensterbild Seite 1: Gänsehirtin (Vorlage auf dem Vorlagebogen)
Fensterbild Seite 2: Sonne, Mond und Sterne (Vorlage auf dem Vorlagebogen)
Fensterbild Seite 3: Mond (Vorlage auf dem Vorlagebogen)
Fotos: Art Tech, Photo-Design-Studio Gerhard Burock, Wiesbaden-Naurod: S. 72, 73, 75, 78, 79, 82, 132, 133, 136, 137, 140, 141; Isolde Ebert, Mönchengladbach: S. 10, 57, 58, 59; Achim Kalk, Kelkheim: S. 14, 15, 25, 30, 31, 36, 64, 74, 90, 91, 102, 104, 105, 110, 123; Harald Nadolny, Herne: S. 98, 99, 108, 118; Photo-Illustrations Ltd., Jersey: S. 47, 53, 62, 63, 65, 68; Bernd Scholzen, Mönchengladbach: S. 1, 2, 3, 4, 5, 6, 7, 11, 25, 34, 40, 41, 42, 43, 44, 45, 54, 55, 56, 69, 84, 85, 86, 87, 94, 95, 103, 111, 114, 115, 119, 122, 126, 127, 130; Wolfgang Vollmer, Köln: S. 35, 37, 46, 52; Wolfgang Zöltsch, pool-Studios, Griesheim: S. 18, 19, 24, 109; Michael Zorn, Wiesbaden: S. 8, 9, 83.
Die Modelle in diesem Buch stammen von folgenden Urheberinnen und Urhebern:
Barbara Alex: S. 4, 9; Elfie Bohne: S. 132, 133, 136, 137, 140, 141; Georg Franzen: S. 55, 58, 111; Renate Henge: S. 37; Renate Imelmann: S. 1; Dieter Köhnen: Titelbild, S. 3, 4, 5, 6, 7, 10, 44, 47, 53, 62, 63, 65, 68, 69, 114; Dieter Köhnen/Werner Schulz: S. 2, 11, 40, 41, 42, 43, 87, 122; Stefan Koter: S. 34, 56; Regina und Diethard Lübke: S. 14, 15, 25, 30, 31, 36, 90, 91; Jutta Maier: S. 72, 73, 75, 78, 79, 82; Frauke Michalski: S. 64, 74, 102, 104, 105, 110, 123; Team Nadolny/Thalheim: S. 35, 46, 52, 98, 99, 108, 118; Michael Nolden: S. 84, 119, 127, 130; Margarete Schorege: S. 83; Reinhild Schulze: S. 25, 35; Werner Schulze: S. 45, 54, 85, 86, 94, 95, 115, 126; Monika Twachtmann: S. 18, 19, 24, 109; Sabine Vogel: S. 57, 59.
Reinzeichnung des Vorlagebogens: Evelyn Gelhard, Niedernhausen

Satz: Raasch & Partner GmbH, Neu-Isenburg
Druck: Ernst Uhl, Radolfzell

817 2635 4453 62